土屋 郁子
IKUKO TSUCHIYA

著者プロフィール

- 東京都生まれ。文化服装学院卒業後、母校にて教鞭をとる。
  のちパリ留学、CHAMBRE SYNDICALE DE LA COUTER PARISIENNE 卒業。
  ヨーロッパ、アメリカ、アジアなど40数カ国を遊学。
  「SOEN」「ミセス」「レディブテック」「主婦と生活」「婦人百科」などに執筆。
  NHK TV「おしゃれ工房」などにも出演。
- 著書「手づくりエプロン53」「スカートのデザイン112」（文化出版局刊）、「歳時記」。
- 本書の元本、レディブティックシリーズ no.3702「美しく着やすい型紙補正」は
  台湾繁体字、タイ語、フランス語にも翻訳されている。
- 経歴　元文化服装学院教授。文化学園大学（旧 文化女子大学）講師。
  アパレル人材育成産学協議会専門委員。
  日本ファッション教育振興協会検定事業委員。
  日本ガールスカウト連盟広報委員。

美しく着やすい

型紙補正

ブティック社

美しく着やすい
型紙補正

contents 目次

人体と原型 ……… 1

パターンチェック ……… 3

BODY　ボディ
着用前のパターン補正 ……… 11
着用前のパターン操作 ……… 15
ボディの試着補正 ……… 24

SLEEVE　スリーブ
腕の機能と袖のしくみ ……… 34
着用前のパターンチェック ……… 44
スリーブの試着補正 ……… 57

BODY+SLEEVE　ボディ＋スリーブ
着用前のパターンチェック ……… 64
ボディ＋スリーブの試着補正 ……… 74

SKIRT　スカート
着用前のパターンチェック ……… 76
スカートの試着補正 ……… 81

PANTS　パンツ
着用前のパターンチェック ……… 94
パンツの試着補正 ……… 100

COLLAR　衿・衿ぐり
着用前のパターンチェック ……… 106

中高年齢・高年齢の体型変化と補正 ……… 120

L・Sサイズの注意点 ……… 130

型紙のサイズ調節の仕方（グレーディング） ……… 133

柄合わせ ……… 142

索引 ……… 146

人体と原型

人体のしくみ

- ●服作りの裁断方法には……
1. 平面裁断…平面作図＝フラットパターンといわれ、紙を使用して型紙を作る方法
2. 立体裁断…ドレーピングまたはクープといわれる人台（別名：スタン、スタンドなど）に布を使用して型紙を作る方法
3. 平面＋立体の併用裁断…などがあります。

いずれの裁断方法の選択でも良いのですが、ここで重要なことは、出来上がったドレスが常に美しくあることと、着やすくあることです。そのためには人体のしくみ、またその機能と運動を知ることが必要となります。ここでは人体の前面、後面、側面及び横断面を観察してみましょう。

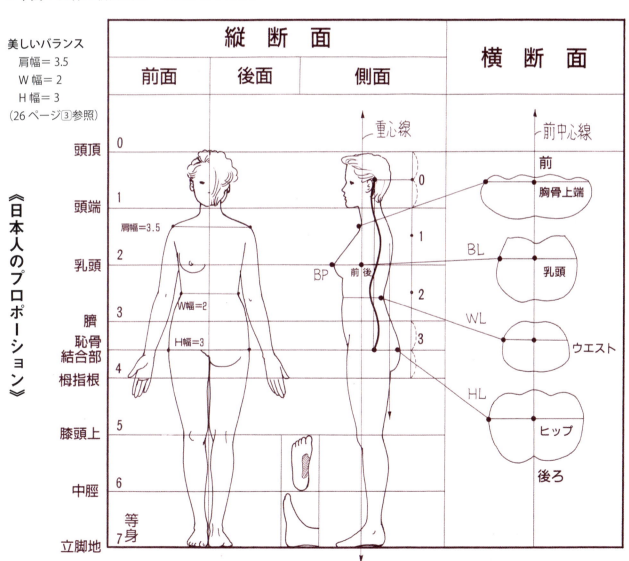

美しいバランス
肩幅＝3.5
W幅＝2
H幅＝3
（26ページ3参照）

《日本人のプロポーション》

参考寸法

参考寸法は、さまざまな計測資料をもとに、日本工業規格（JIS）で算出されたもので、服を製作するうえで、使いやすく表示されています。採寸が不安なときや、直接採寸が出来ない場合、また服作りのバランスを知りたいときに大変便利です。

成人女子参考寸法表

回り寸法(cm)						丈寸法(cm)					
部位	S	M	ML	LL	2L	部位	S	M	ML	LL	2L
B	76	82	88	94	100	身長	150	155	158	160	162
W	58	64	70	76	84	背丈	36	37	38	38	39
MH	82	86	90	96	100	袖丈	50	52	53	54	55
H	86	90	94	98	102	腰丈	17	18	18	19	19
体重 (kg)						股上丈	25	26	27	28	28
	45	50	55	63	68	股下丈	65	67	68	69	70

原型の描き方（文化式原型）

婦人原型の描き方

平面作図（フラットパターン）の原型の描き方は、回り寸法のバストと丈寸法の背丈の寸法を基本に、各部位の寸法をバランス良く割り出したものです。婦人服は原則として右身頃が上前ですから、右半身を基本として作図をします。以後のページから使用原型については、平面裁断のものでも立体裁断のものでも同一のものとして考えてください。

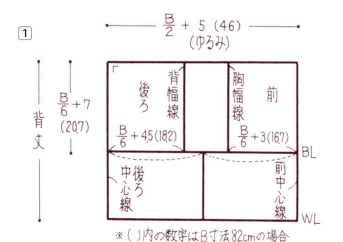

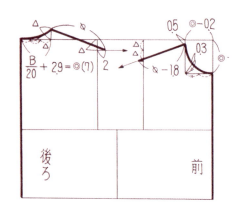

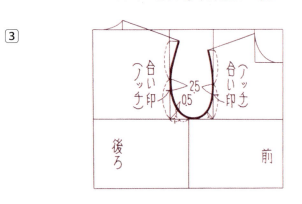

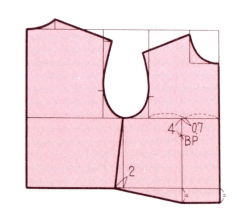

原型…平面製図の基礎となるもので、身頃、袖がある。

パターンチェック

ボディ・スリーブのパターンチェック

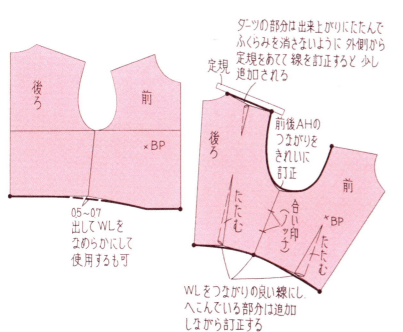

パターンが描けたからといってすぐそのまま使用することは出来ません。パターンには必ず、名称、合い印（ノッチ）、布目線、あき止まりを記入しておきます。そして更に**出来上がり状態＝立体化**を考えながら細部の点検（チェック）を必要とします。

まずボディ（身頃）では、①のようにWS（ウエスト・サイド）の機能的に不足になりがちな部位に追加訂正をするときもあります。

次は②のように、肩ダーツ、前後のウエストダーツを正確に出来上がり状態にたたんで立体化して生じる線の訂正をしたり、へこんだ部分には追加訂正をします。またWL（ウエストライン）や前後脇のAH（アームホール）のつながりがきれいかを確かめます。

衿ぐりは③のように前後NP（ネックポイント）を突きつけにして、袖ぐりは④のように前後SP（ショルダーポイント）を突きつけにして線のつながりがきれいかを確かめます。

スリーブは⑤のようにAHと袖下の袖口ラインのつながりがきれいかを確かめます。

⑤ スリーブ（袖）

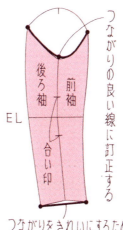

合い印…布を縫い合わせるとき、布がずれるのを防ぐためにつける印。

ヨーク（突き合わせ）

①のようなヨークの場合はまず後ろのヨークをたたんで、②のように肩線の追加訂正を行ってから、前ヨークのNP(ネックポイント)とSP（ショルダーポイント）を突き合わせにして、③のように衿ぐりと袖ぐり線のつながりを滑らかな線にします。

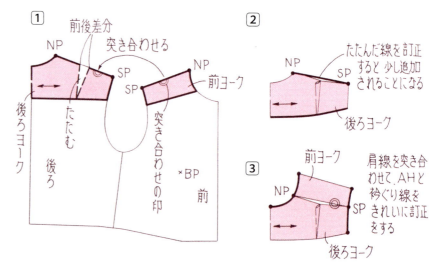

切り開き

ドレープのときは必要なドレープ分量を切り開いてから、出来上がりの状態に正確にたたんでカットすると、①〜③・④のようなジグザグの線が出てきますが、これがドレープの流れを安定させる大切なポイントですから、正確にすることを忘れずに。また中心側のパネルラインが反動でくぼみますから、②のように追加訂正をします。

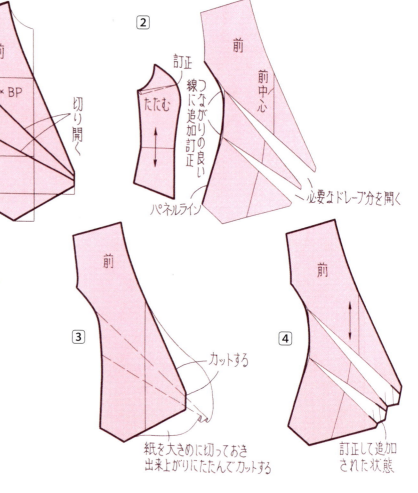

スカート（たたむ・開く）

スカートは①のように前後ウエストダーツの部分をたたんで線のつながりを良くし、追加訂正をします。前後脇線は②のように突きつけして、ヘムライン（裾線）がつながりの良いきれいな線であるかの確認をしてから、長い線の部分には合い印（ノッチ）を入れます。布目線は②のように長く入れておくと見やすくなります。毛並みのある、なしの印もしっかり記入しておくと良いでしょう。

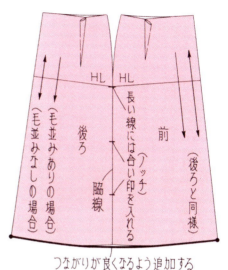

セミタイトスカートのパターンをセミフレアスカートに応用展開するときは、①のように切り込みを入れて、②のようにフレア分を開きます。その反動によるWLのへこみ部分は追加訂正をしてから滑らかな線にします。

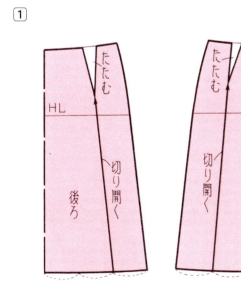

毛並み…毛織物やビロードなどの表面の毛の並びのこと。光線の関係から、ビロード、コーデュロイなどは逆毛に裁つ。

スカート（フレア・サーキュラー）

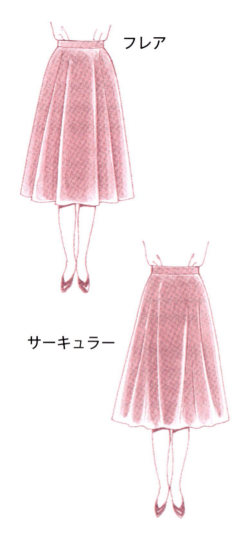

フレア

サーキュラー

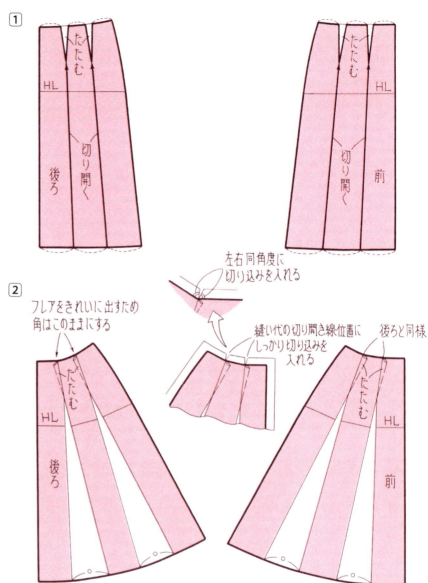

1のようにフレアの本数をはっきり出したい場合（ここではスカート全体の4分の1で2本）は、裾でフレア分を開いた後のWLのへこんだ部分を、そのまま角の状態にしておき、縫い代に2のように正確に切り込みを入れると、はっきりと希望の本数のフレアが出ます。しかしこの同一パターンをサーキュラースカート（くりぬきスカート）感覚にしたいときには3のようにWLのへこみ分は追加訂正をして滑らかな線にします。

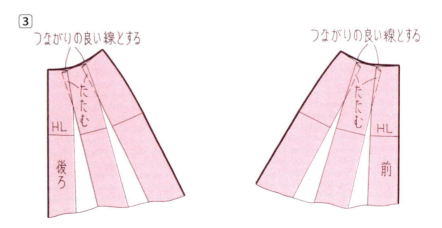

サーキュラースカート…サーキュラーは円形の意味で、円を利用したフレアスカートの一種。

スカート（フレア・サーキュラー）

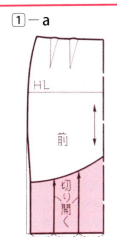

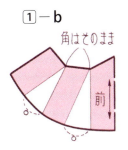
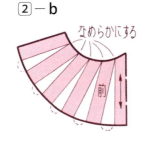

1-a のような作図でも下方のフリルの部分に2本の切り込みを入れて1-b のように開いて、上端の角をそのままにしておくとフレアになりますし、2-a のように切り込みの本数を多くし、2-b のように上端を角をなくした滑らかな仕上げ線にしますとサーキュラーになります。
このように切り込みの本数、仕上げ線の描き方など細部のテクニックによってデザインやシルエットに大きく影響することを念頭に置いておきたいものです。

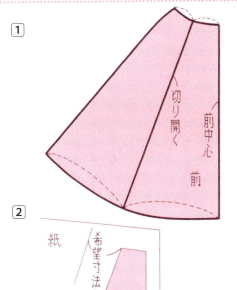
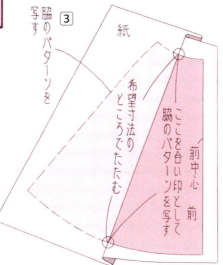
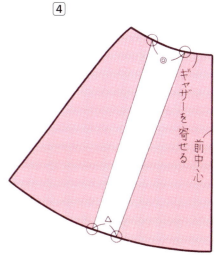

フレアスカートの型紙をギャザーフレアスカートにしたいときは、1のように切り開き線を入れ、2のように中心側を紙に写し、上部では必要なギャザー分を印し、裾では蹴廻しの不足寸法をとります。次に3のようにその寸法を自然にたたんで脇側のパターンを写しとり、紙を開くと上、下部に必要分量の入った4のような型紙が出来上がります。

蹴廻し…スカート、コートなどの裾回りのこと。

スカート(プリーツ)

プリーツスカートのときには①-aのHL(ヒップライン)でプリーツ寸法を決めていきます。①-aのような作図のときにはHLと裾で同寸のプリーツ寸法にしても基本線は①-bのように水平線となります。

またWL(ウエストライン)になる上端は、プリーツ部分を正確にたたんでカットすると①-bのような線になって現われますが、この線が大切なのです。

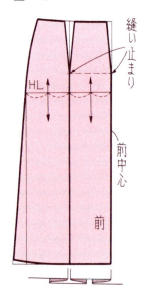

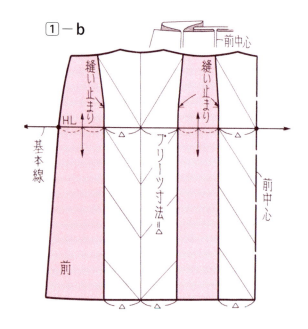

製図記号

────	出来上がり線
────	案内線
─・─・─	見返し線
─・─	わに裁つ
─ ─ ─	返り線、折り山線
⌒⌒⌒	等分線。同寸法を示す付号がつくときもある
∧	伸ばす
～	いせる
⌒	追い込む
↑ 布目。矢印の方向が縦地	↓ 毛並みの方向

直角の印

製図線の交差を区別する

 型紙をたたみ、その反動を切り開く

 型紙を突き合わせて裁つ印

 プリーツ、タック。斜線の高い方から低い方に向かって布をたたむ。

略語

B	Bust (バスト、胸囲)
BL	Bust Line (バストライン、胸囲線)
BP	Bust Point (バストポイント、乳頭点)
W	Waist (ウエスト、腹囲)
WL	Waist Line (ウエストライン、腹囲線)
H	Hip (ヒップ、腰囲)
MHL	Middle Hip Line (ミドルヒップライン、中腰囲線)
HL	Hip Line (ヒップライン、腰囲線)
EL	Elbow Line (エルボーライン、肘線)
KL	Knee Line (ニーライン、膝線)
SNP	Side Neck Point (サイドネックポイント、頸側点)
FNP	Front Neck Point (フロントネックポイント、頸前中心点)
BNP	Back Neck Point (バックネックポイント、頸囲後ろ中心点)
SP	Shoulder Point (ショルダーポイント、肩先点)
AH	Arm Hole (アームホール、袖ぐり)

スカート（プリーツ）

②-a ように交差による裾開きがあるときには、②-b のように HL と裾のプリーツ寸法の深さが異なってきます。このようなときに ②-c のように HL（ヒップライン）と裾に同寸法のプリーツ分を入れますと、基本線の HL が水平にならず、実際にプリーツをたたんだときに折り山線がバイアスになるので、布目が伸びて型くずれを生じますので、避けましょう。

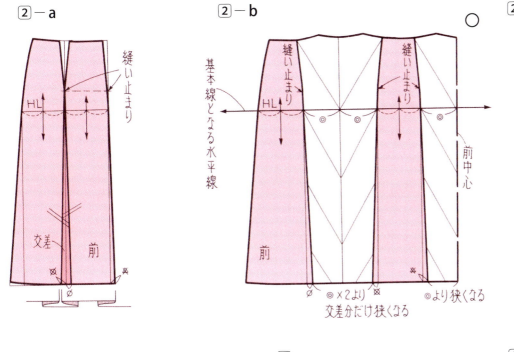

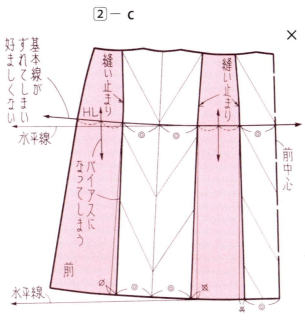

製図線の交差しているパターンは、製図をした後にラインを間違えないように注意して、別紙に写して使用する。

パンツ

パンツのパターンチェックは、まず①のように前後股上線のつながりの訂正と前後WL（ウエストライン）の追加訂正をします。
次に②のように**P点**を基点に、股下の長い線のよじれやすいのを防ぐために合い印を入れておきます。
更に③のように**P点**を基点にして合わせ、前後WLのつながりを確認します。

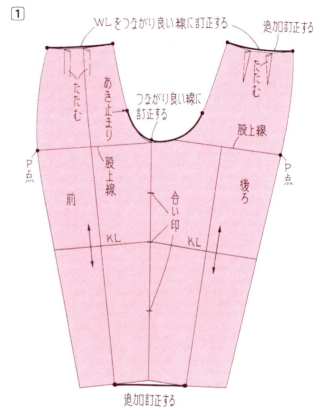

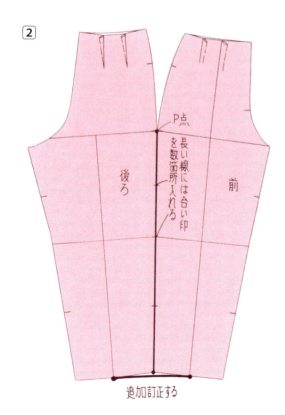

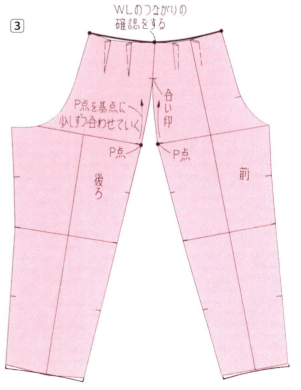

パンツに関する解説は94〜105ページ参照。

着用前のパターン補正

操作ポイントP点の求め方

①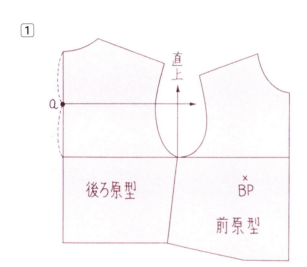

最近の服作りの大きな流れの一つに
「本物志向」
「バランス感覚の良いもの」
「年代、体型が考慮してあるもの」
などがパタンナーの力量として大いに問われています。そして**「洋服は人間の入る箱」**と考え、美しいフォルムとバランスを熟慮しながら、着用補正する以前に、パターン補正出来るところは全て補正してしまうということが大切になってきます。
そのパターン操作のポイント点を**P点**とし、操作ラインを **a**、**b**、**c**、**d**、**e**、**f** とします。

②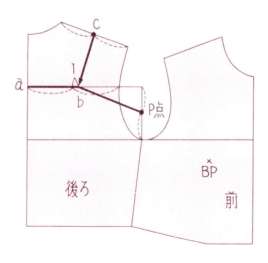

③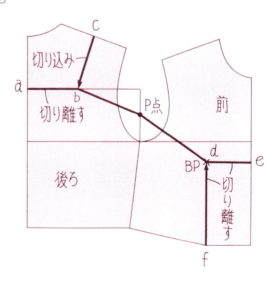

パタンナー…デザイン画をもとに、平面裁断または立体裁断でパターン(型紙)を作る人。

着用前のパターン補正

BODY ボディ

胸が高いとき

胸が高いときは前身頃に①のように操作ラインを入れて切り離します。

次に②のように**P点**を押さえながら胸の高い分、つまり前丈（縦）の不足分の長さを開くと、前ウエスト線で高さに対する横のふくらみ分が反動として開きます。反動として開いた分は新たにダーツ分として加えます。バストのふくらみを円錐型として考えると縦と横に必要な好バランスで長さの不足分が操作されたことになります。

※操作のポイントP点の求め方は11ページ参照。

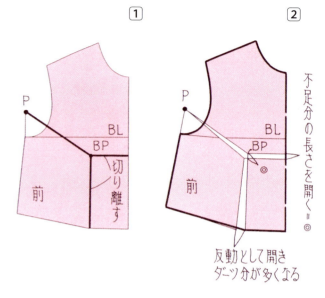

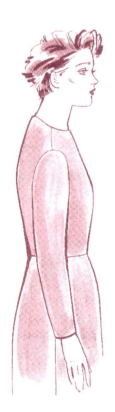

胸が低いとき

胸が低いときは胸が高いときと反対現象なので、反対の操作をします。

前身頃に①のように操作ラインを入れて切り離します。

次に②のように**P点**を押さえながら、胸の低い分、つまり前丈（縦）の長い分を重ねると、前ウエスト線で高さに対する横のふくらみ分として、多い分が反動として重なります。これはウエストのダーツ分が減量したことになり、縦と横が好バランスで低くなったことになります。

※操作のポイントP点の求め方は11ページ参照。

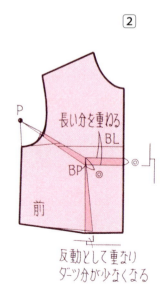

円錐型…底が丸く、先が尖っている形体。

肩胛骨が張っているとき

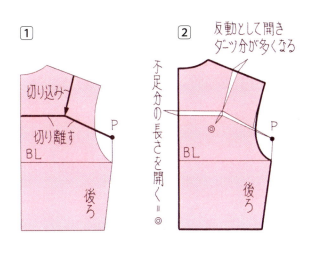

肩胛骨が張っているときは、その部分が縦にも横にも長さを必要とし、それがふくらみとなるので、長さを出すためには①のように横線を切り離し、肩から切り込みを入れます。
次に②のようにP点を押さえながら背中心で不足分の長さを開いていくと、横のふくらみ分が反動として開き、肩のダーツ分が多くなり、肩胛骨のふくらみとなります。

※操作のポイントP点の求め方は11ページ参照。

着用前のパターン補正

BODY ボディ

肩パッドを入れるとき

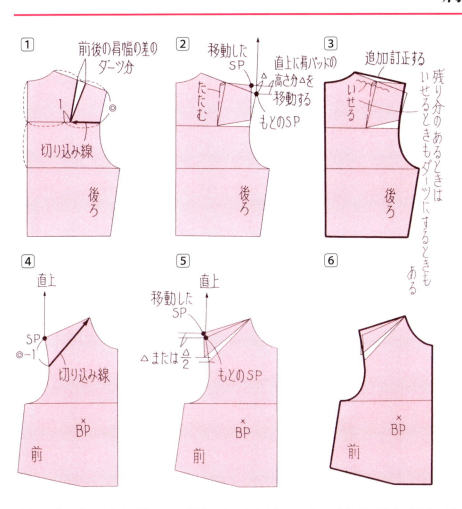

肩パッドを入れるということは後ろ肩胛骨のふくらみは不必要になってくるということになります。
そこで後ろ原型の前後肩幅差のダーツ分を①のように切り込みを入れて、②のように肩パッドの高さ分をSP(ショルダーポイント)で移動し、③のように仕上げ線を入れます。ダーツ分が残ったときは、分量によっていせにしたり、ダーツにしたり、デザインによって選択をします。
前は④のように切り込みを入れ、⑤のように肩パッドの高さ、またはその寸法の2分の1を直上して仕上げ線を入れます。

前後の肩幅の差…文化式原型には、肩胛骨の丸みを出すためのダーツ分量が、肩幅の差として含まれている。後ろ肩の長さは約1.8cm長い。

反身体型

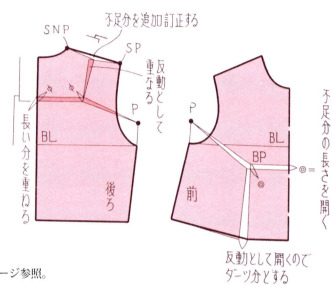

反身体型のときは胸が高い場合が多く、前身頃は不足分を開く操作をします。後ろ身頃は反っているため、BL（バストライン）から上が余るので、P点を押さえて、後ろ身頃の操作ラインで長い分を重ねて短くします。反動として肩線が重なり、ダーツ分が少なくなってへこむのでSNP（サイドネックポイント）とSP（ショルダーポイント）とを結んで直線に追加訂正します。

※操作のポイントP点の求め方は11ページ参照。

屈身体型

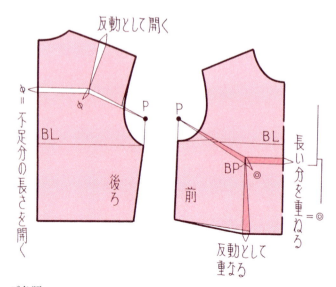

屈身体型の場合は反身体型とは反対の現象となります。
前は胸が低い場合が多いので、長い分は短くする操作をします。後ろ身頃は肩胛骨が張っているときのように肉がついたり、丸くなったりして、縦の長さを必要とするので、『**肩胛骨が張っているとき**』（13ページ参照）と同様に不足分の長さを開く操作をします。反動として肩線で長さ(縦)の不足分に対する横の不足分量が開き、ダーツ分量が多くなり、これを形作ると丸味が多くなります。

※操作のポイントP点の求め方は11ページ参照。

反身体型…そり身体型のこと。　屈身体型…前傾体型のこと。

着用前のパターン操作

前後差（前下がり）のいろいろな処理方法

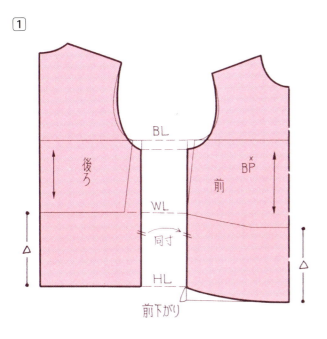

1は前後差の分を前下がりとする方法です。
2は前後差の分を脇の上端で引き上げる処理と、前下がりとに二分する方法です。
3は前後差の分をSP（ショルダーポイント）と脇の上端の二箇所で引き上げる方法です。

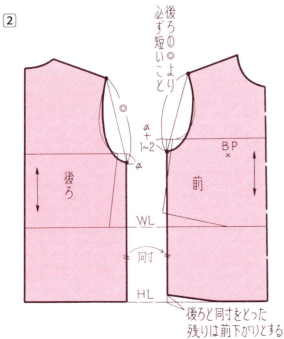

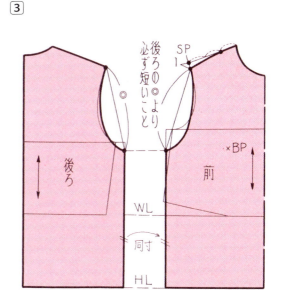

前下がり…婦人服身頃原型の背丈の基礎線から下がっている部分。胸ぐせの操作をする上で重要。

前後差のいろいろな処理方法

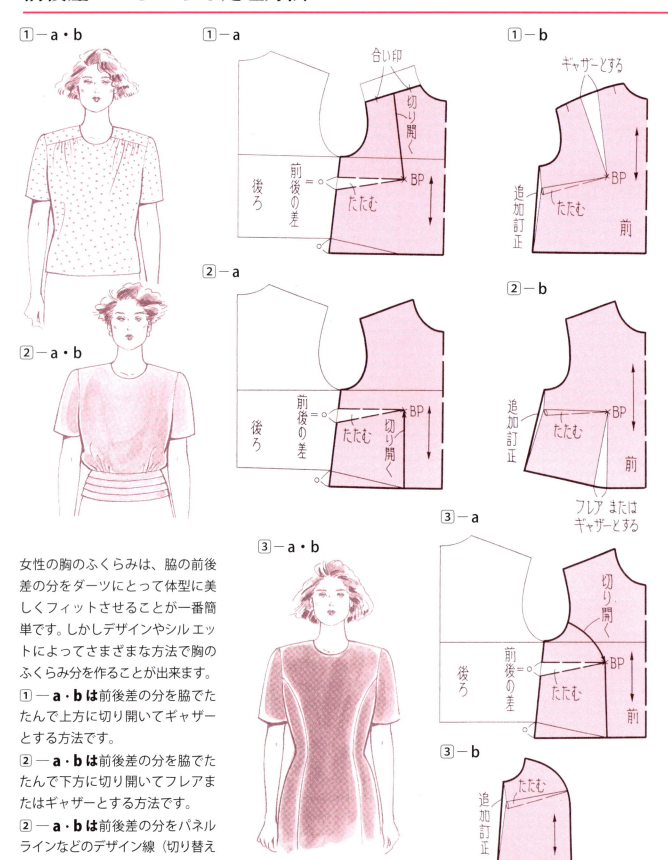

女性の胸のふくらみは、脇の前後差の分をダーツにとって体型に美しくフィットさせることが一番簡単です。しかしデザインやシルエットによってさまざまな方法で胸のふくらみ分を作ることが出来ます。

①—**a・b**は前後差の分を脇でたたんで上方に切り開いてギャザーとする方法です。

②—**a・b**は前後差の分を脇でたたんで下方に切り開いてフレアまたはギャザーとする方法です。

②—**a・b**は前後差の分をパネルラインなどのデザイン線（切り替え線）に入れる方法です。

たたむ・切り開く…パターン（型紙）の段階で切り込みを入れて、ダーツ分量をたたみ、ダーツの移動をする操作。

衿ぐりへのギャザーの入れ方

ギャザー分量を出す方法はいろいろとありますが、ただギャザー分量を開くだけではなく、美しいギャザーになるようにしたいものです。

そこで①−**a**のようにダーツ量をたたんで一箇所で開きますと、開いた部分の線の描き方の目標がなくなり、そのまま点を結びますと①−**b**のように面白い線になってしまいます。

①−**c**のように描き方を指示する場合もありますが、描き慣れない人には曖昧な線になりがちです。そこで②−**a・b**のようにBPを中心に半径2cmのところに向かって、ダーツ量と切り開き線を分散させますと②−**c**のように線が描きやすい状態となります。このときWLがくぼみますのでつながりの良い線に訂正をします。

着用前のパターン操作

BODY ボディ

①−a

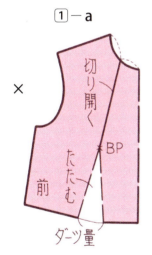

①−b

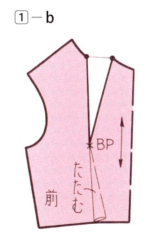

①−c

②−a

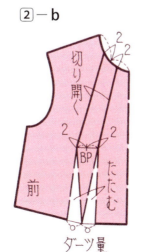

BPを中心に半径2cmの範囲に向かって胸のダーツ分を処理するのが原則

②−b

②−c

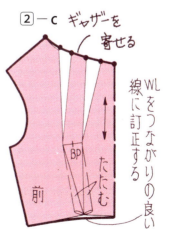

原型を倒す意義と応用

原型の前中心を倒してから作図するときには、どのような種類、その変化、条件があるかを考えてみましょう。まずは大きく分けて次の二種類があります。
① A点を押さえて倒す場合
② WLの前中心をA点として押さえて倒す場合
（19ページ参照）
次に倒した場合どのような変化が生じるかを見ますと、①—**b**、②—**b**（19ページ参照）のように、前丈が長くなり、前中心と前SNPの間が広くなり、胸幅、胴幅が広くなります。（②のほうが①より広くなる）
この変化によって、どんなデザイン、どんな条件のときにこのテクニックが必要になるかおわかりでしょう。

前丈が長くなる条件からは、②はジャケット、コートなど、基本のドレスの上に更に重ねて着用するためのゆとりが必要なときであり、前中心と前SNP（サイドネックポイント）の間が広くなる条件からは、前をはずして着用するデザインのジャケット、コートのとき、前中心が開いてしまったり、おがむのを防ぐ方法の一つとして用いられます。また、胸幅、胴幅が広くなる条件からは、基本のドレスの上に更に着用するのに丈のゆとりに対して幅のゆとりも必要なときや、ラペルがある衿などの折り返り線の縫い代が重なって、厚みや幅が必要な場合などになります。
（次ページに続く）

① A点を押さえて倒す場合

①—a

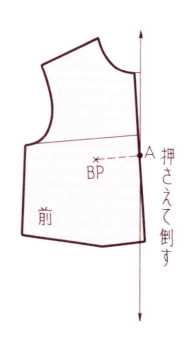

①—b

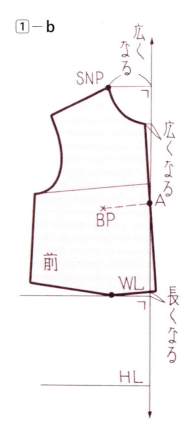

前打ち合いがおがむ…左右の前端が垂直に降りず、裾にいくほど必要以上に重なる状態のこと（32ページ参照）。

原型を倒す意義と応用

①-c

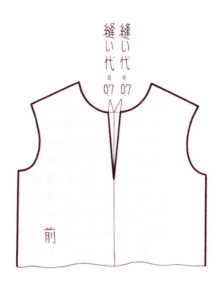

縫い代=0.7
縫い代=0.7
前

①のA点を押さえて倒す方法（18ページ参照）で前中心に三角の空間が出来るのを、デザインによっては縫い代とすることも出来ます。（①-c 参照）

また、倒すことによって前下がり分も少なくなるため、胸の張りを分散させることにもなり、ダーツをはっきりととらないで、胸をはめたい場合に良い方法となります。

着用前のパターン操作

BODY ボディ

② WLの前中心をA点として倒す場合（解説は18ページ参照）

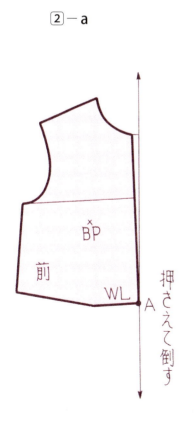

②-a
BP
前
WL
A
押さえて倒す

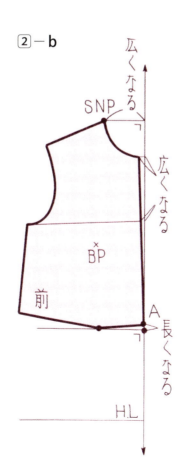

②-b
広くなる
SNP
広くなる
BP
前
A
長くなる
HL

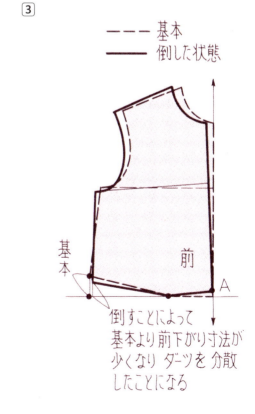

③
--- 基本
—— 倒した状態
基本
前
A
倒すことによって基本より前下がり寸法が少なくなり ダーツを分散したことになる

あごダーツの意義と作図方法

ダーツの本来の意味は、婦人の体型の曲線や起伏（ふくらみ）に、平面の布地をいかに美しくなじませていくかということで、そのためのテクニック（技術）の一つになります。

このテクニックには多種多様ありますが、条件としては出来上がった洋服に、ダーツ分量がいかに美しくデザインとして表現されているか、またダーツとして見えない位置に隠されて表現されているかが大切なのです。あごダーツは後者の見えない位置でふくらみを表現する方法です。

またダーツはどの方向からも入れることが出来ますが、上方から下方に向かって入れるのが、下方から上方に向かって入れるよりも、薬では ありませんが、少量でもダーツ量の効果が良く現われます。(1参照)（次ページに続く）

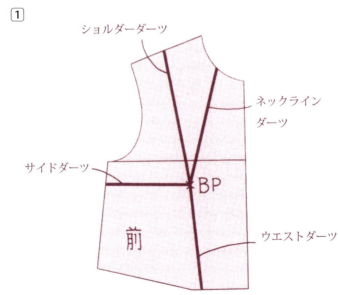

あごダーツ…衿ぐりから一般的にバストポイントに向けてとるダーツのこと。＝ネックラインダーツ

あごダーツの意義と作図方法

作図の順序としては、②身頃の脇で前後差のダーツ量を決めて、③ダーツが見えない位置に入るように、出来上がりの衿の大きさを写します。

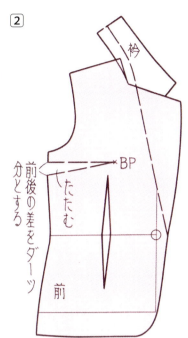

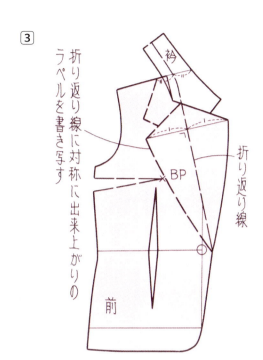

④ダーツ止まりを決定して切り込みを入れ、⑤脇ダーツをたたんだ反動として開いた部分を追加訂正します。

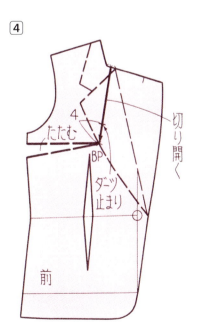

袖ぐり線の描き方

以前の袖ぐり線は勘で美しい線、着やすい線といった線を描いていましたが、現在では人体の機能性（運動量）に従って適切なラインを描くことが、一般的に着やすく、しわの出ない無理のない美しい線になるということです。

①のようにデザイン上、原型脇線よりゆとりが出て、袖ぐりが原型より下がっているときは、SP（ショルダーポイント）を押さえて、後ろは **a** 点を新しい脇線まで動かして **a´点** へ、前 は **b** 点を新しい脇線まで動かして **b´点** とし、移動した原型の袖ぐりを基準にSPからの直下線（**c、d**）より身頃にくい込まないようにして結ぶと、無理のない着やすい線となります。

このとき②の⊛線のようにくって描くと脇に出したゆとりは脇で余るだけで機能にはなりませんし、⊙線 の場合は基本的な人体の厚み分が少なくなってしまい、着用したときに袖ぐりにしわが出ることになります。また脇で原型よりゆとりを多く入れたいとき、③のように脇線から少し離して描くと良いでしょう。

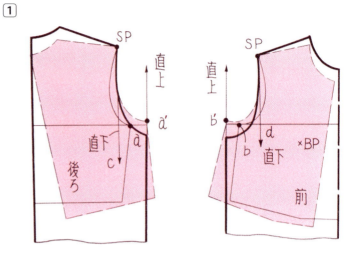

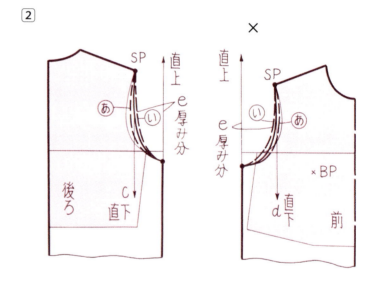

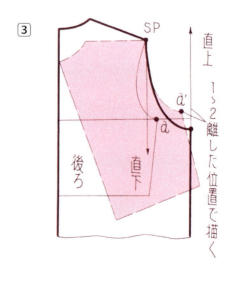

縫い代のつけ方

縫い代は、デザインや素材、縫製方法によって多少異なり、縫製順序に従って、出来上がり状態を考えてつけていくと、間違いがないでしょう。（1参照）

注意点としては、縫い合わせる縫い代どうしは同幅にし、縫い目に平行につけます。また縫い始めと終わりの角は2のようにつけます。袖も同様です。（3参照）

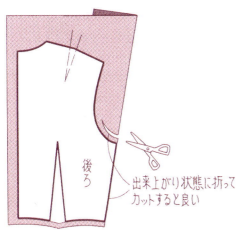

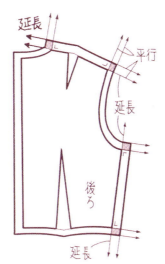

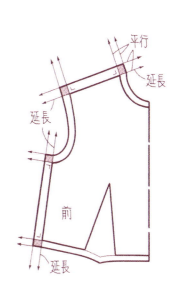

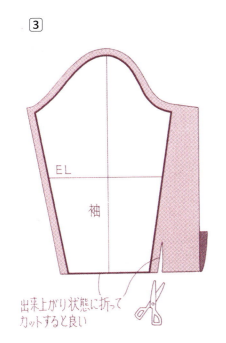

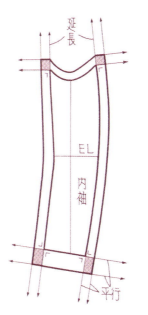

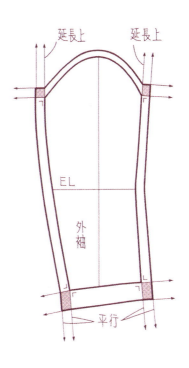

外袖、内袖…二枚袖を着用したときに、身頃側になる方が内袖、外側になる方が外袖。

ボディの試着補正

試着補正のポイント

動きやすく、着心地の良い服とはどんな服でしょう。それは自分の体型をより美しく見せ、運動量も不足していない服だと考えられます。そのために、本縫いに入る前に仮縫いをして、自分の体型に合わせて、しわ、運動量、シルエットを正す作業を補正といいます。しかし年齢を問わずそのままの体型が美しいという人は、本当には少ないもので、殆どの人がくせのある体型であったり、アンバランスであったり、左右不均衡であったりするものです。そして体型に合わせる補正をするといってもその人にぴったり合わせるというのではなく、いかに美しく体型をカバーする服にするか、またその人をバランス良く見せてくれる服にするかが、服作りの補正時の第一条件になります。

そこで、そのポイントは……
(1) 適切な採寸をしましょう。
人体そのものをぴったり採寸したのではかえって体の欠点をさらけ出すこともあるので①の人体の美しいバランスを知っておくことが大切です。
(2) 体型の把握をしましょう。
採寸をしてみると同寸法の人どうしでも、その人の生活環境や遺伝によって、円筒形であったり、楕円形であったり、体型差が出てきますので、全身が映る鏡の前で正しく立ち、前面、側面、後面から観察をし、自分の特徴をつかみましょう。この体型を把握することによって、その人にふさわしいデザイン構想にも役立ちます。そこで自分の体型を知るための簡単なチェックポイントをあげてみますと…（次ページに続く）

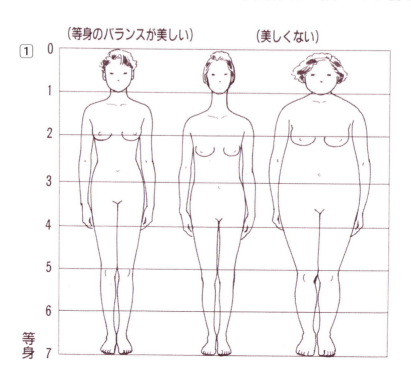

成人女子参考寸法表は2ページ参照。

試着補正のポイント

- **バストとウエストのバランス**

  18歳〜24歳＝20〜22cmの差
  25歳〜39歳＝18〜19cmの差
  40歳以上＝16〜17cmの差

- **バストとヒップのバランス**

  年齢を問わず4〜6cm（ヒップの方が大きい）

- **バストとヒップのバランス**

  全体的な感じからいうと腰が出ていたほうが、洋服を着用したときは立体感が出て美しく見えます。外国女性の体型はサイドから見て、ドル字型、またはS字型が美しいといわれています。参照（次ページに続く）

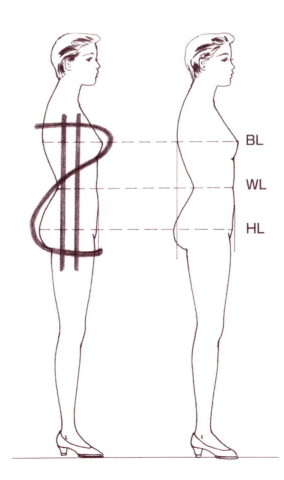

ボディの試着補正

BODY ボディ

試着補正のポイント

●前面のバランス

前から見たときに、前ヒップ幅よりも前の左右の肩先を結んだ線が広いほうが美しいバランスです。③

a 前肩幅＝ 3.5
b 前ウエスト幅＝ 2　　美しいバランス
c 前ヒップ幅＝ 3

そして、このようなバランスの人は少ないので、デザインでいかにカモフラージュして美しくみせるかということです。

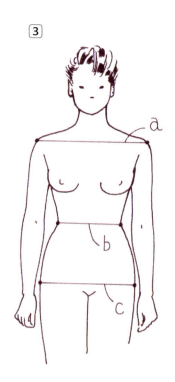

③

（3）正しくファンデーションをつけましょう。

丈の中では、BL、WL、HL が 全体のどの位置にあるかということが、婦人服で大切なことになります。例えば、①の美しいバランスの体型を見ると、BP は 2 等身めの位置にあり（24 ページ①参照）、その位置になるようにブラジャーをつけることが、正しくファンデーションをつけることになります。

（4）正しく着装しましょう。

「ドレスは肩で着る」という言葉があるくらいですから、仮縫いしたドレスの肩縫い目が自然に落ち着くように着装します。肩パッドがあるときは、作図のときの予定寸法と、実物の肩パッドの厚さとが合っているかどうか確認しましょう。
更に自然な姿勢で服種にふさわしい靴をはくことも大切です。

（5）静と動の状態を見てから補正に入ります。

ただ鏡の前に立って補正に入るのではなく、静の状態と動の状態の両状態の美しさを狙っての補正であることが大切です。

静の状態での基本的な注意点としては「洋服は人間の入る箱」と考えて、あくまで美しいフォルムとバランス、つまり細部をつつくのではなく、大局観でとらえた上での補正をします。動の状態では人間は常に動作をするので、例えば歩いてみたりして、分量を確認したり、機能性の良否の確認をします。

ファンデーション…洋服を着るための土台となる下着。体型を整えるためのもの（ブラジャー・コルセットなど）と、パニエなどのようにシルエットを整えるためのものがある。

試着補正のポイント

補正を始めましょう
作図が終ったら、実際の布地を裁断し、仮縫いをします。試着で補正の出やすいところは多めに縫い代をつけておきます。

補正時の観察箇所　④参照
（1）前中心、後ろ中心が垂直になっていますか？
（2）各部分の丈、バストやウエスト、ヒップのゆるみなど、寸法が適切ですか？
（3）たるみじわや、つれじわがどの部分にどんな状態で出ていますか？

補正するときの注意
（1）寸法不足のときは、縫い目をほどいて寸法を追加し、余っているときは、つまんでピンを打ちます。この際、運動量を考えてつまみすぎないように注意します。
（2）カーブの位置のつれじわやたるみは縫い代のつけすぎが原因のときもあるので、余分な縫い代は整理します。
（3）婦人服は右が上前なので、右身頃を原則的に補正します。
（4）ピンを打つときは下に着ているランジェリーや、肌をささないように注意をし、脱ぐときには下に着ているものにピンがついていないかを確認の上脱ぎます。

補正が済んだら
型紙の補正をします。補正線や合い印を正確につけ直し、型紙を訂正します。型紙の訂正方法は次項を参照してください。

ボディの試着補正

BODY ボディ

④
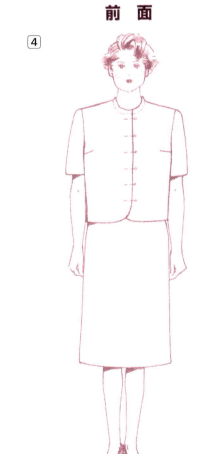
前　面

側　面
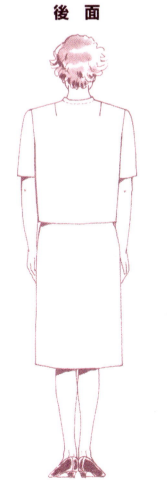
後　面

ピン…とめ針。まち針のこと。

いかり肩

肩先で不足した分がつかえて、肩先から中心に向かって長めに横じわが出ます。肩先をほどいてしわが消えるまで、前後の肩先の縫い代を出します。このままではアームホールが大きくなりすぎますので、肩先で追加した分を袖下で追加し、もとのアームホールと同寸法に近くなるようにします。

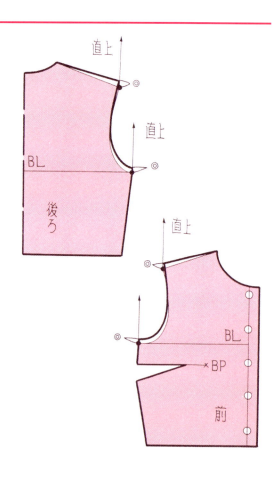

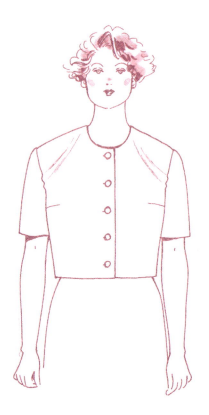

なで肩

肩先で余った分が、たすきをかけたように肩先から斜めにしわが出ます。肩先のしわをピンでつまんで、その分を肩先でカットしますが、このとき運動量を考えて、とりすぎないように注意します。
また、このままではアームホールが小さくなってきつくなってしまいますので、肩先でカットした分を袖下でカットし、もとのアームホールと同寸法に近くなるようにします。
ただし、極端な、なで肩のときは、平均的なプロポーションの肩線になるまで、肩パッドを入れるのも良いでしょう。

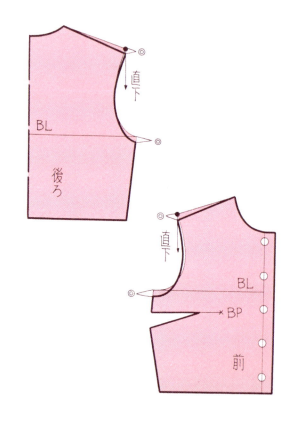

アームホール…袖ぐりのこと。

肩縫い目を前にまわすとき

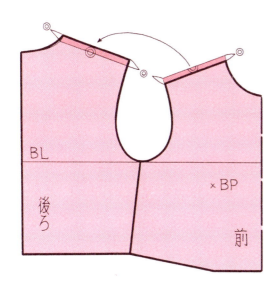

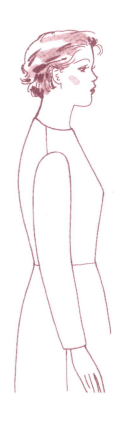

後ろ肩線から前へまわしたい寸法を前肩線に印してカットし、後ろ肩線に突き合わせますと、肩線が前にまわったことになります。

前肩体型のとき

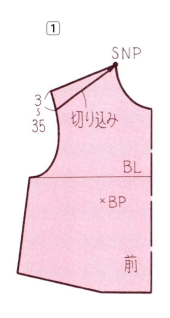

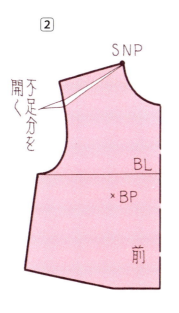

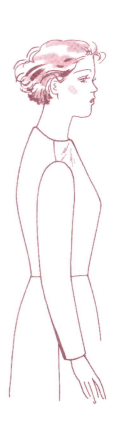

肩関節または鎖骨から続いた肩峰が張ってしわが出るときは、①のようにSNP（サイドネックポイント）に向かって切り込みを入れ、②のように不足分を開きます。

鎖骨…首の下と肩を結ぶ、ゆるくS字型に曲がった長い骨。 肩峰…肩関節の位置。肩先点周辺。

背中が丸いとき（猫背）

背中が丸く、一般的に猫背という体型です。BL（バストライン）から上部が長く、背面では少し幅が広くなるので、背丈を長く、幅を広くし肩胛骨のための丸味量を作ります。
①—a・bは背中心の丈のみ長くし、肩胛骨の丸味量が欲しい体型で、肩ダーツ量を出す方法です。
②は後ろが全体的に長く必要な体型のときで、BLまでの中間で切り開き、袖ぐり線で幅を追加訂正します。大変丸味量の多いときは肩ダーツ量を開きますが、そうでないときは開かなくても良いでしょう。このとき袖は②—bのように同寸法を切り開いて補正します。

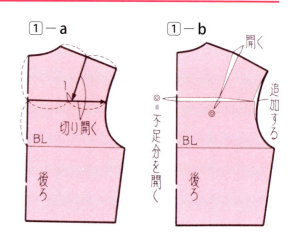

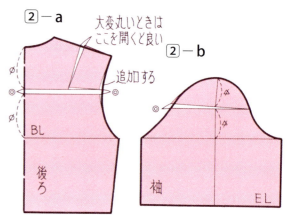

後ろ衿ぐりが抜けるとき

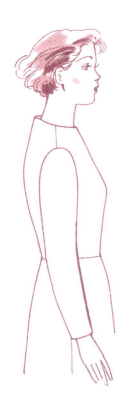

このようなときは、①、②のように二つの補正方法があります。
①の補正では衿ぐりが大きすぎて抜ける場合で、衿ぐりの大きい分をSNP（サイドネックポイント）で入れ、背幅を同寸法とするため、SP（ショルダーポイント）でも水平に同寸入ります。
②の補正は背中心丈と後ろ丈が不足して抜ける場合で、図のように不足分を上げます。

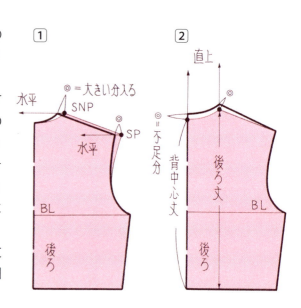

衿ぐりが抜ける…衿ぐりが後方にずれて、後ろ中心が首から離れて浮いている状態。

後ろ丈が余って横じわ、肩先がつかえて横じわのとき

① 肩先がつかえて横じわが出るとき

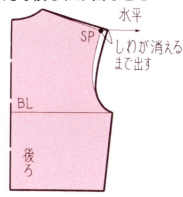

原因の一つとしては、肩幅または背肩幅が狭くて肩先がつかえてしわが出るので、①のようにSP（ショルダーポイント）を水平にしわが消えるまで外側に出し、背幅も広くなるような袖ぐり線にします。

その他の原因としてはBL（バストライン）の上部で横線全体が同寸法に余る場合なので、②－aのように余る長さを、余る位置で無理のないように水平にたたみ、②－bのように袖の補正をします。

②－a 後ろ丈が余って横じわが出るとき
②－b

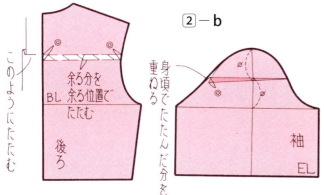

① 肩先がつかえて横じわが出るとき

② 後ろ丈が余って横じわが出るとき

後ろ衿ぐりに横じわが出るとき

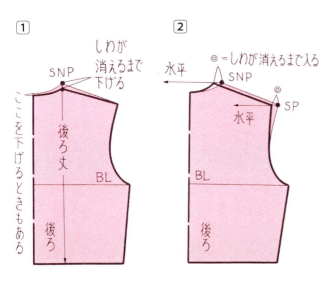

このようなしわのときは、①、②のような二つの補正方法があります。

①の補正は、SNP（サイドネックポイント）のバランスが高すぎる、つまり後ろ丈が長いときに行ない、SNPを内側へ移動し肩幅を同寸とするため、SP（ショルダーポイント）でも水平に同寸入れます。

②の補正は、衿ぐりが大きすぎる場合に行ない、しわが消えるまでSNPを内側へ移動し肩幅を同寸とするため、SP（ショルダーポイント）でも水平に同寸入れます。

ボディの試着補正　BODY ボディ

SP（ショルダーポイント）、SNP（サイドネックポイント）などの略語については、8ページ参照。

胸の張りが高いとき、低いとき

① 胸が高いとき

② 胸が低いとき

胸が高いとき
胸の高さに引かれて、バストポイントへ向かってウエストから斜めにしわが出ます。脇をほどいてしわがなくなるまでダーツ分量を増しながらピンで止め、増えたダーツ分量を①のように作図で訂正し、前丈を長くします。

胸の低いとき
胸の高さに対して、ダーツ分量が多いので、脇寄りに余りじわが出ます。脇をほどき、しわが消えるようにダーツをつまみ直します。減量したダーツ分量を②のように作図で訂正し、前丈を短くします。①、②いずれの場合も、ボタンの間隔の訂正をします。

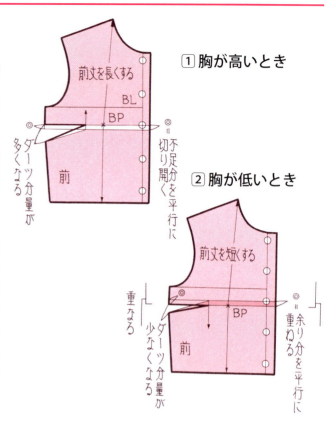

① 胸が高いとき

② 胸が低いとき

前中心がおがむとき、逃げるとき

① 前中心がおがむとき

② 前中心が逃げるとき

おがむときと逃げるときとは反対現象で、おがむときは①のように前丈の不足の場合で、逃げるときは②のように前丈が長すぎる場合に起こります。いずれもBL（バストライン）が水平になるようにします。またどちらの場合もSNP（サイドネックポイント）で上下した寸法をFNP（フロントネックポイント）で忘れずに上下し、前衿ぐりをもとの型と同寸、同型にします。

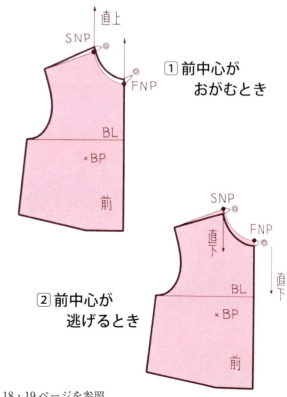

① 前中心がおがむとき

② 前中心が逃げるとき

ジャケットなどの前打ち合いがおがむときには、18・19ページを参照。

ネックポイントから縦じわが出るとき

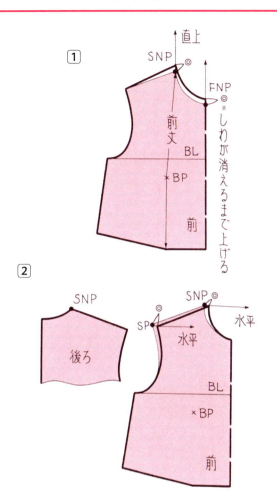

このようなしわのときは①、②のような二つの場合があります。

前丈が不足の場合の補正法は①のようにSNP（サイドネックポイント）でしわが消えるまで上げます。このときFNP（フロントネックポイント）をそのままにしておくと前衿ぐりが大きくなるので、SNPで上げた分だけ、忘れずに上げて、前衿ぐりは同寸、同型にします。

また②のようにSNPを起こすとしわがなくなる場合もあります。このとき後ろSNPはそのままにしておきます。

前衿ぐりが浮くとき

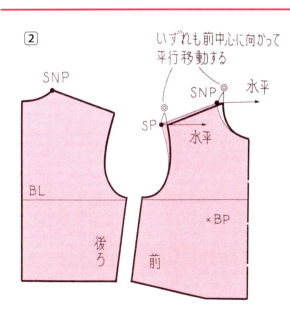

前のSNP（サイドネックポイント）が外側にある場合や、鎖骨などの関係から出るしわです。このような場合は、図のように前のSNPを水平に内側へ移動し、肩幅同寸にするため、SP（ショルダーポイント）でも水平に同寸移動します。この場合、後ろのSNPはそのままにします。

腕の機能と袖のしくみ

腕の機能性

《内転と外転運動》

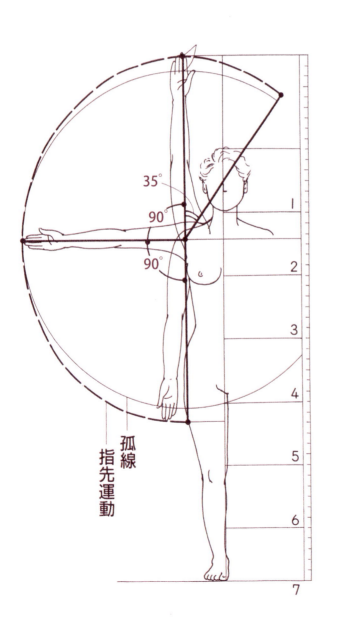

《上挙と外転運動》

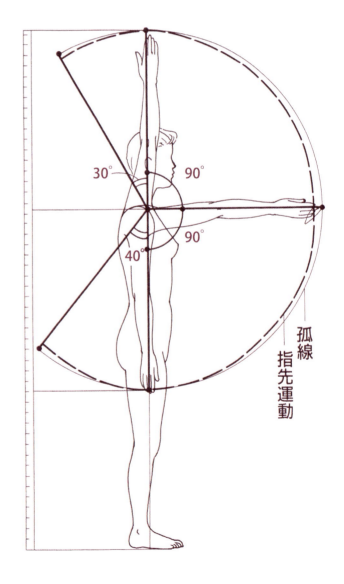

参考資料 『服装解剖学ノート』草野昌世著　文化出版局

腕の機能性

一口にスリーブといっても、ほっそりとしたしなやかなスリーブ、また大きくふくらんだ軽やかなスリーブなど、さまざまなデザインや数えきれないほどのフォルムがあります。
しかし、そのスリーブは**身頃あっての袖＝ボディあっての腕**といえます。そして、その腕は身体の中でも、下図、前ページでご覧のように最もさまざまな、また激しい"動"の状態のあるところです。
そこでスリーブ作りの条件としては、"静"の状態では感性豊かに美的にまとめ、"動"の状態では機能性から機能美へと発展させていくことが大切であり、デザインポイントとしても楽しいところです。

腕の機能と袖のしくみ

SLEEVE スリーブ

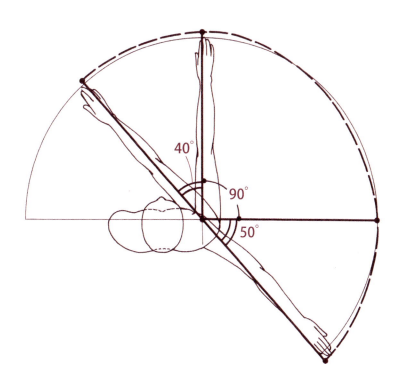

基礎袖の描き方（文化式）

袖の原型は、腕の部分の原型で、ゆとり分、いせ分などを考慮した一枚袖になっています。身頃原型の袖ぐり寸法（①の **A**〜**B** 間）をテープメジャーを立ててはかるか、Dカーブルーラーで正確にはかり、必要寸法のAH寸法とします。

②、③、④の順で描いてから、⑤のように出来上がりの状態にして袖ぐりの内袖側線を写しておきます。

次に袖原型の袖ぐり線には、いせ分量が含まれているので、袖つけをするときの目安として、袖原型に⑥のように合い印を入れます。身頃の合い印寸法に前後とも2mmを加えて合い印をつけるのは、その寸法をいせながら袖つけをしますと、着やすくなるからです。

なお袖山点は、身頃のSP（ショルダーポイント）と合わせてつけます。

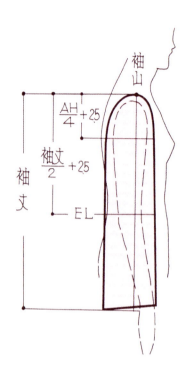

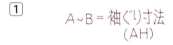

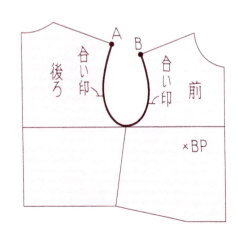

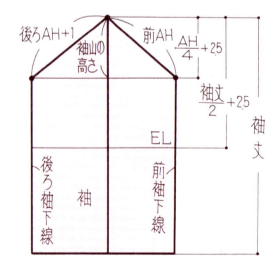

Dカーブルーラー…カーブ尺の一種で、袖ぐり、衿ぐりなどを描くために考案されたもの。

基礎袖の描き方（文化式）

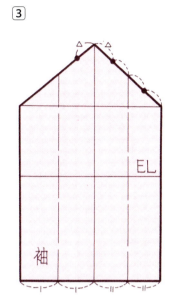

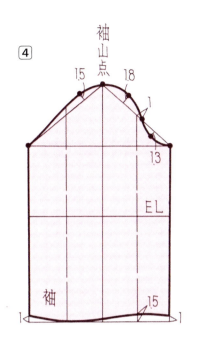

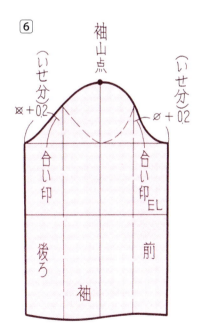

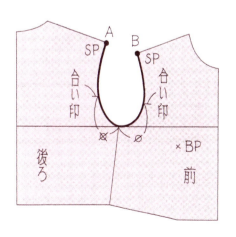

身頃の原型の描き方は、2ページ参照。

機能性と運動量の関係

セットインスリーブの機能性と運動量の関係は①の基礎袖の袖丈の中で、袖山の高さ（長さ）と袖下寸法のバランスがどのように変化するかによって決まります。

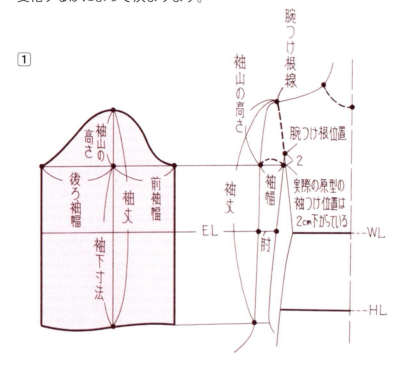

②は袖つけの袖ぐりを深くくり下げて、AH（アームホール）を大きくしたときで、袖山が高く（長く）なり、袖下が短くなりますから、機能性が少なくてすむスーツ袖などに向きます。

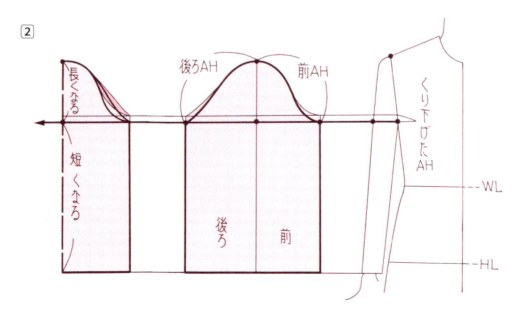

セットインスリーブ…正常のアームホールの位置に袖つけを定めた袖の総称。

機能性と運動量の関係

③は袖つけの位置はそのままで、身頃にゆるみを入れてAH（アームホール）を大きくしたときで、袖山の高さも袖下も寸法の変化はないので基礎袖と同様の機能性で袖幅が広くなります。

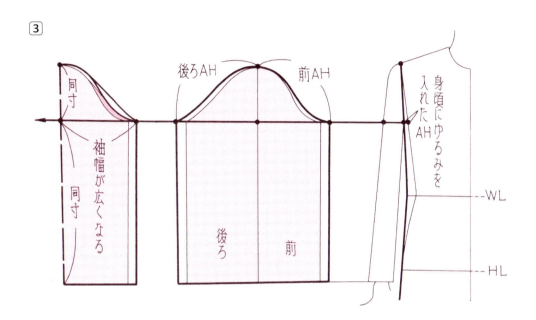

④は袖つけの位置はそのままでファッション性で肩パッドなどを入れて、SP（ショルダーポイント）が高くなり、AH（アームホール）が大きくなったときで、袖は袖山が高く（長く）なり、袖下は同寸となりますので、基礎袖と同様の機能性となります。

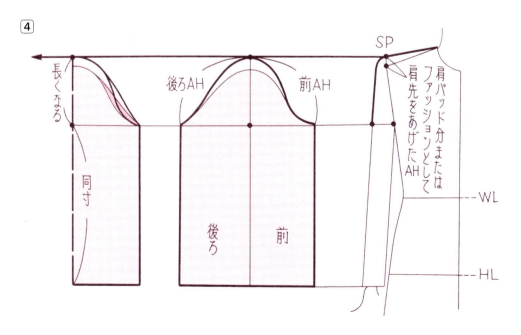

基礎袖…36、37ページ参照。

機能性と運動量の関係

5は袖つけ位置はそのままで、図のように腕を少し上げた状態で美しいシルエットになる袖をつけようとしたときで、袖山は低く（短く）なり、袖下寸法は長くなり、袖幅は広くなるので、運動の激しいスポーツウェアなどの袖に向きます。

実際の場合はこれらの2～5を基本にして服種によっての機能性の有無と、デザイン上のシルエットによって決めていきます。

以上のように、**袖は袖丈＝袖山寸法＋袖下寸法**から成り立っており、その袖山寸法と袖下寸法の長、短の組み合わせの変化法によって、袖幅が広くなったり狭くなったりの増減が生じます。6参照

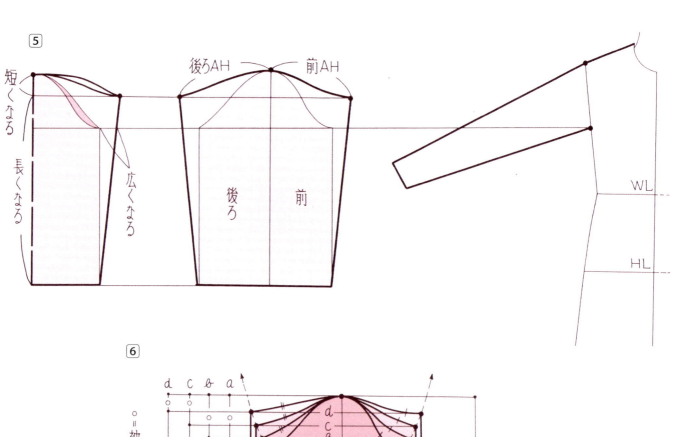

基礎袖…36、37ページ参照。

適切な袖山の高さの確認法

袖が身頃に一度でつかなかったり、上手につかないことで、悩んだりすることがあります。これは縫製上のテクニックが悪くてなる場合は極少なく、ほとんどが袖と身頃の型紙のバランスの確認が良くないことが多いのです。
それではそのチェックポイントとは基礎袖としての**袖山の高さの確認**と、**いせの分量とその配分法**にあります。
まず袖山の高さの確認法には①、②の二つの方法がありますが、①の方法はA・C、B・Dを結び、その交点Eから直下したE・F間を適切な山の高さにするという決め方です。
もう一つの方法は②のようにAを基点にA・B寸法で弧線を描き、次にDを基点にD・Cの寸法で弧線を描き、その交点Eから直下したE・F間を適切な山の高さにするという決め方です。この二つは、ほとんど同寸法となります。
そして③—aのように適切な袖山の高さで、③—bのように基本の袖を作図していきますと、バランスの良い袖となります。（次ページに続く）

腕の機能と袖のしくみ

SLEEVE スリーブ

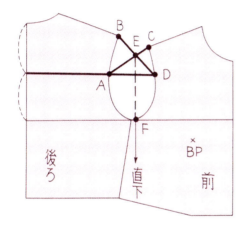

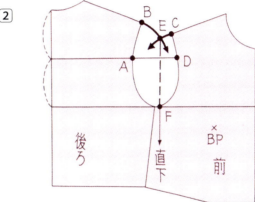

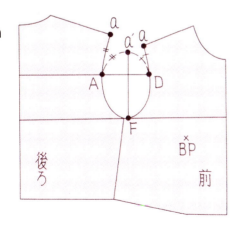

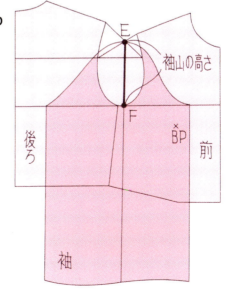

弧線はコンパスを利用して描くと良い。

適切ないせ分量とその配分法

次に素材によるいせ分量の目安ですが、4の表を参考にして、身頃の袖ぐりと袖山の長さの差をはかり、確認して下さい。

その配分法は5のように身頃と袖の袖下の前後5cmずつは同一カーブとなるように写し、6のように袖の合い印の印分に2mmのいせをプラスすると、着やすくなるので、いせを入れても良いでしょう。

袖山のいせの配分は6のようになりますが、袖山の形が太いときは、後ろと前のいせ分を2分の1ずつにする場合もあり、また、袖山線の型によって多少ことなります。

《 素材によるいせ分量の目安 》

4

素 材	いせ分
薄地木綿	2～3cm
普通地木綿	3～4cm
厚地木綿	
薄手ウール	
普通地ウール	4～5cm
厚手ウール	

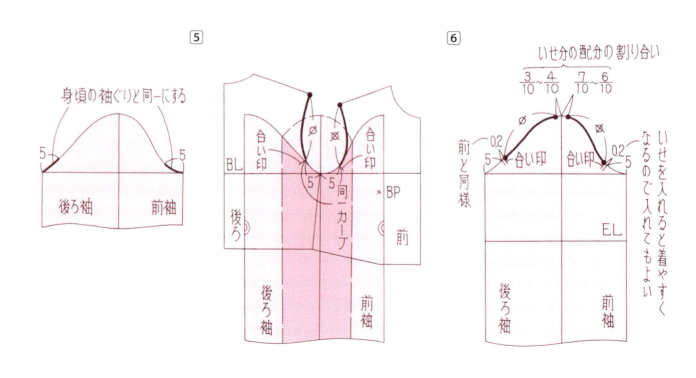

バイアス布目…縦糸と横糸の90度に交差しているのに対して斜めに裁つこと。45度を正バイアスという。

適切ないせ配分と袖つけ準備

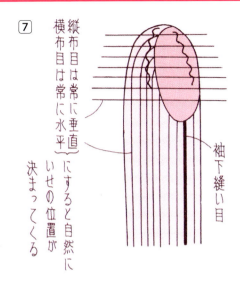

[7] 縦布目は常に垂直、横布目は常に水平にすると自然にいせの位置が決まってくる

袖下縫い目

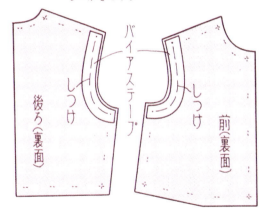

[8]-a 伸ばしたバイアステープをしつけでとめる

バイアステープ
しつけ
後ろ（裏面）
前（裏面）

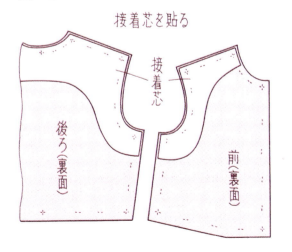

[8]-b 接着芯を貼る

接着芯
後ろ（裏面）
前（裏面）

袖つけの際は[7]のように常に縦布目と横布目を袖つけ線に対して、水平、垂直になるように落ち着かせると、自然にいせて欲しいところに、布地自体が素直に位置を決めてくれます。ただ、いせの効く部分はバイアス布目のところであり、袖山点は全くの横布目になっているので、いせ込みが効かず、無理をするとしわが出てしまうので、注意が必要になります。

配分と位置が決まりましたら、それを上手に落ち着かせます。袖まんじゅうや仕上げ馬の丸い部分を利用し、指先で縫い代のみに少量の水をつけ、アイロンの先端とへりを使って丁寧にいせ込み、しわを完全に消しておきましょう。

またデザイン線や体型に関係なく、身頃の袖ぐり線はカーブの部分が多いので、この部分が伸びてしまいますと、シルエットがくずれたり、型くずれした服になってしまいますから、裏のつくものなどには、[8]-a、bのような伸び止めのテクニックを行なっておくと良いでしょう。

以上のチェックポイントをマスターすれば、苦労なく早く、しかも美しく袖つけを完了することが出来ます。

腕の機能と袖のしくみ

SLEEVE スリーブ

着用前のパターンチェック

タイトスリーブのしくみ

①は基本的なタイトスリーブの作図ですが、これをそのまま正確に縫い合わせて袖にしたのでは、あくまで平面的なものであるため、立体的にするときに当然無理が生じてくるわけです。ですから①で出来たパターンを②・③・④のような手順で、立体的に正確に構成して確認しておくことが大切になります。

確認法としてはパターンをシーチングなどに写したものを利用し、②のように前後とも袖幅を2等分して折り線を決め、前袖下は直線になるまで伸ばします。

次に③のように前袖を出来上がり状態に折ってみますと、袖下寸法の袖口側で不足寸法が出ますので、追加します。今度は④のように後ろ袖を出来上がり状態に折り、前後袖下寸法差をダーツにとりますが、この際、図に示すように(a)と(b)の方法があります。

(a)はダーツ分を全てダーツとしてとる方法。(b)はダーツの3分の2をダーツにとり、3分の1をいせる方法です。これらはドレスのフォルムによって使い分けます。

そして④のように袖ぐり線の後ろ線の長い部分は、前袖線に合わせてカットし、袖口側の不足分は追加をします。このように平面作図を立体的にまとめたパターンに仕上げますと、袖下のよじれた袖にはなりません。

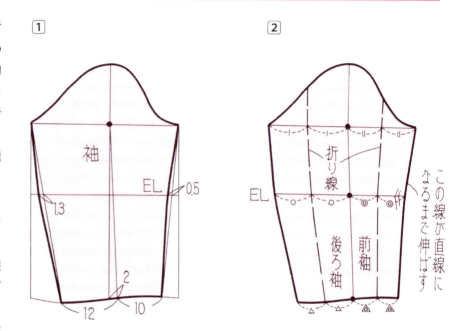

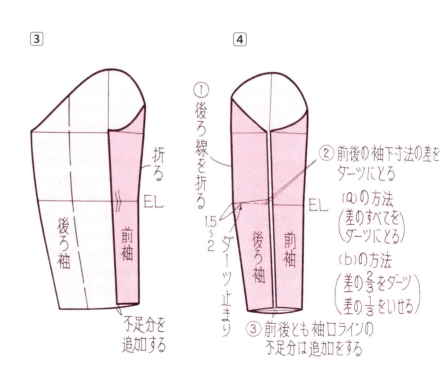

シーチング…平織りの綿布で、仮縫い用のものがあるので、それを利用すると良い。

一枚半袖とそのバリエーション

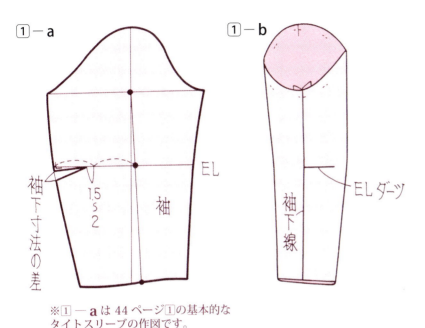

一枚袖のEL（エルボーライン）のダーツの活用法（バリエーション）を知っていると大変便利です。

まず①—aは基本的なタイトスリーブの作図(44ページ①参照)で、①—bは出来上がり図です。

さて、そのダーツの活用法とは、そのダーツ分量をデザイン的、またはシルエット的に好みの位置に移動させることなのです。

ここでは一番使用される一枚半袖の②とその応用③を紹介します。

②の場合は②—aのように袖口から切り込みを入れて、ダーツ分をたたみながら、袖口ダーツ分を5cm切り開きます。これは袖下のダーツ分が袖口に移動されたことになります。また、少量残った袖下ダーツ分はいせることになります。（②—b参照）（次ページに続く）

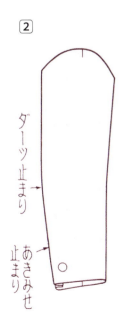
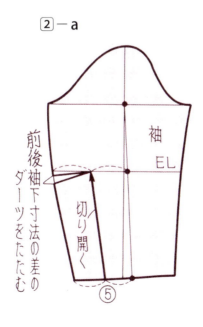

一枚半袖とそのバリエーション

応用袖の③の場合は③—a のようにダーツ分を全てたたんで、袖口で7〜8cm切り開き、その部分を③—b のようにデザイン的にアレンジしたものです。

③—a

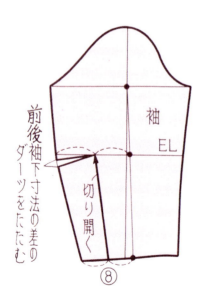

③—b

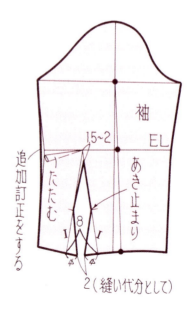

※③—a は44ページ①の基本的なタイトスリーブの作図です。

つづみボタン…二つのボタンを背中合わせに裏側どおしを突き合わせてつないだボタンのことで、カフスに良く使われる。

パフスリーブのフォルムいろいろ

パフスリーブのときには①・②・③・④のようなフォルムがあります。

① は極少ないギャザーやタック分のときです。

② はEL(エルボーライン)で多少くって袖のフォルムにアクセントをつけたいときです。

③ のようにギャザー・タック分がやや多くなると、アクセントをつける位置（**A**点）も上方になってきます。

④ のようにギャザー分が多くなってきますと、素材も薄くて柔らかいものになりますので、袖丈にパフリ分を追加するとともに、袖山線が前後水平線にならなくなってきます。

このことについては、次ページからの『**美しいパフスリーブ**』の作り方を参照してください。

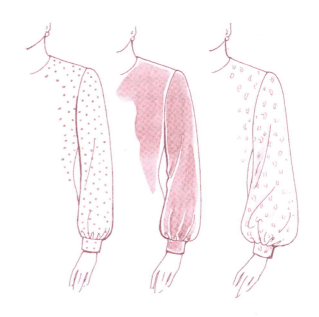

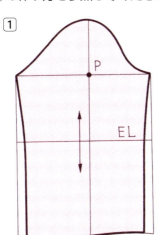

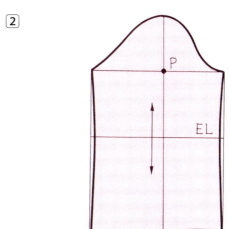

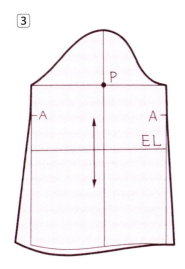

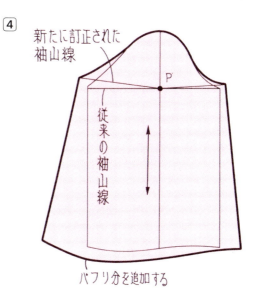

パフスリーブ…袖山や袖口にギャザーを入れてふくらませた袖の総称。

美しいパフスリーブ

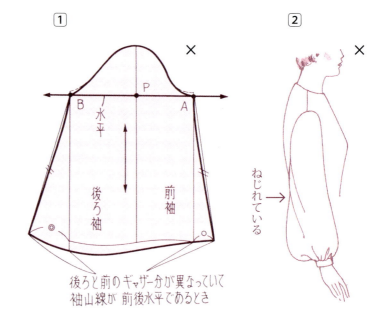

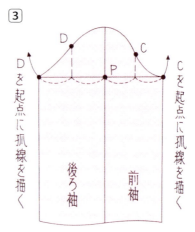

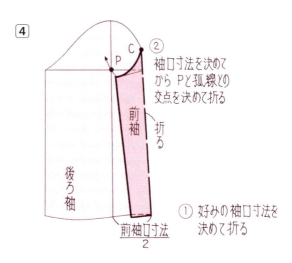

パフスリーブというのは袖口側にあるギャザーの入ったふくらみのある優しい感じの袖です。従来の型紙作りである、①の平面で描いたものを仮縫いしますと、②のようなねじれが出て、パフリ分の美しい効果がきれいに出ません。
より早く正確な型紙作りをする方法として、平面作図を立体的に考察しながら次のような方法があります。
③の基礎袖を④・⑤のように好みの袖口寸法を決めてから、⑥のように縦のパフリ分も決めて、袖口ラインを作ります。（次ページに続く）

パフ…パフとはふくれたもの、ふくらんだ部分の意味。

美しいパフスリーブ

最後に身頃との関係を⑦のようにチェックすると、⑧のように出来上がります。袖口の前のギャザー分○と後ろのギャザー分◎とが異なっているときには、前後の袖山線が水平線にならず、後ろの方が少し高くなります。
この型紙の作り方のポイントは、次のような3点が挙げられます。

（1）出来上がりの状態、およびフォルム・ボリュームの確認をしながら進行していくことが出来ます。
（2）立体的にまとめていくもので、実物作品も立体的にそのものずばりに出来上がり、パフスリープで生じやすい袖のねじれなどを防ぐことが出来ます。
（3）作りながらパターンチェックをしていくことが出来ます。

着用前のパターンチェック

SLEEVE スリーブ

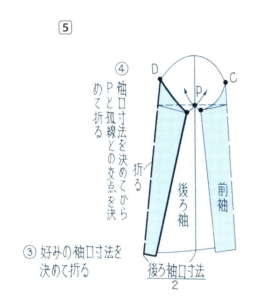

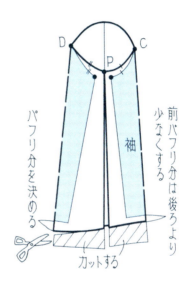

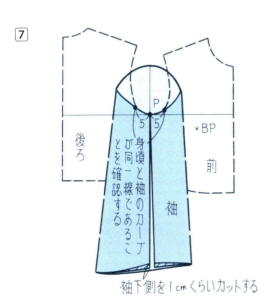

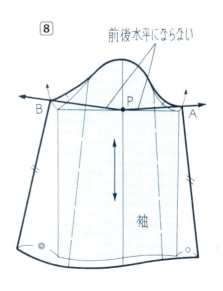

フォルム…形、形態。

適切な袖山の切り開き方法

身頃と袖との袖ぐり線の的確な関係は、①のように袖のパターンを出来上がり状態に立体化したときに、A・P・Bの位置で身頃と袖とのラインが同一であることです。
更にそれを切り開いたときにも、その角度を変化させないということが大切です。

②の位置で切り開きますと、③のようになり、角度が重要な位置で変化が生じてしまい、④のように身頃とA・P・B間が同一のラインにならなくなるため、袖つけがきれいにいかず、結果的に良い方法でないということが分かります。（次ページに続く）

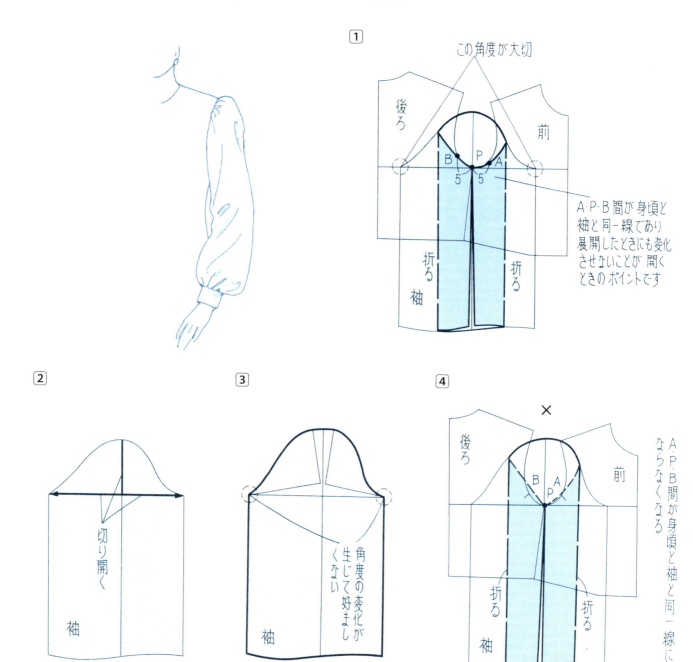

切り開く…ギャザー分やタック分を入れるために、パターン（型紙）の段階で切り開き、展開する。

適切な袖山の切り開き方法

⑤の位置で切り開くと、⑥のようになり、大切な位置の角度の変化がなく、⑦のように身頃とA・P・B間が同一のラインになり、袖つけがきれいに出来て、結果的に好ましい切り込みの位置ということがわかります。

また⑥の切り開き方は中心だけで切り開くことになりますが、⑧のようにP点を基点に切り開くと、⑨のように切り開く部分が少寸法ずつになるので、切り開いた後の袖山のライン訂正の描き方が楽になるという方法もあります。

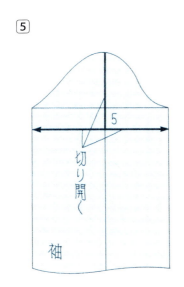

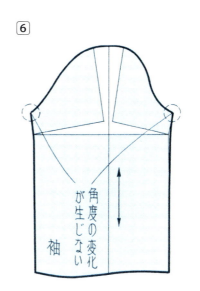

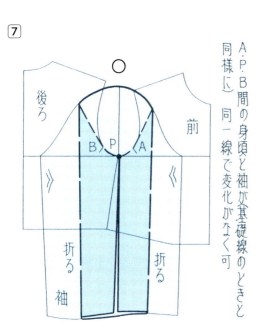

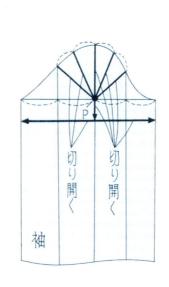

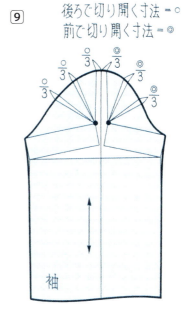

基礎袖は36、37ページ参照。

袖口の表情と袖口あきの位置の決め方

袖口あきの位置の決め方

簡単に作りたいときには、**a**のように袖下縫い目線をそのまま利用すると良いでしょう。装飾的に扱いたいときには**b**のように袖山にあけたり、**c**のように外袖側に見えるようにあけるか、そのあきをタックの山にして、見えないようにカフスをつける方法もあります。

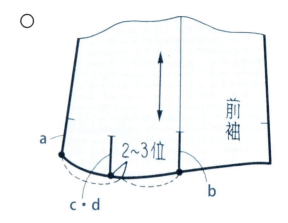

袖口あきの寸法

カフス寸法との兼ね合いで決めますが、4〜6cmくらいが良いでしょう。アイロンかけや手入れを簡単にしたいときはカフスが平らに開くように10cmくらいまであけるときもあります。袖口あきの方向は**d**のようにいずれの場合も布目にそってあけます。**e**のように布目にそわないであけますと、縫うときに伸びやすく手入れのときにほつれやすくなるので、避けたほうが良いでしょう。

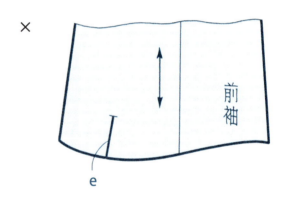

袖口の表情

ギャザーにしたり、タックにしたりします。また、カフスは一般的に**f**のようにカフスで袖をはさむ方法と、**g**のような方法とがあります。**f**はかっちりとしたスポーティな感じになり、**g**は軟らかい素材でたっぷりギャザー分の入ったときに、縫い方によって、更にパフリ分を美しく表現できるテクニックです。

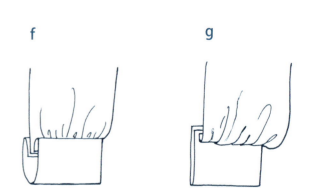

美しいフレアスリーブ

フレアスリーブのフレアを美しく出すためには、素材の選択と布目の的確さが大切です。①のように出来上がり状態を想像しながら立体的に袖のフォルムを描き、フレアの本数と位置を決めて切り開きますが、このとき内側の袖下側は切り開かなくて良いでしょう。

フレアの表現は②—**a・b**のように2種類あります。また、フレアは動きによる変化の美しさがポイントですので、あまり作りすぎたり、反対に作り足りなくて、くずれることのないようにしましょう。

フレアの分量は中心側○より脇側をやや少なめ∅にし、袖下のラインはバイアスになり、伸びる布目になるため少々カット◎しておき、袖下から内側が下がって見えるのを防ぎます。

①

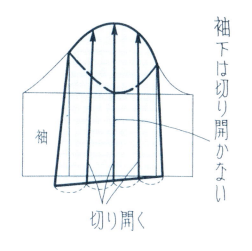

②—a、b

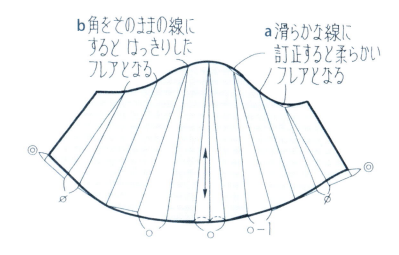

◎ = 伸びる布目なので 0.7〜1 カットする
∅ = は（袖山側）の切り開き寸法の $\frac{1}{2}$ または $\frac{2}{3}$ を切り開く

二枚袖の引き方（あきみせなしのとき）

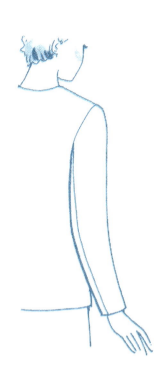

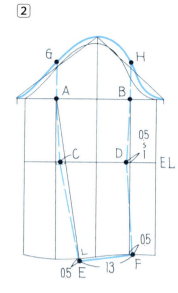

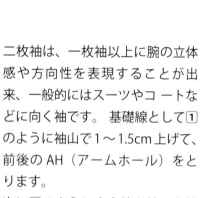

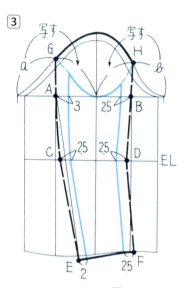

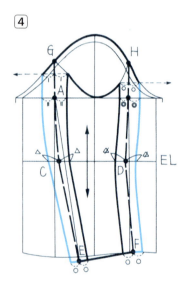

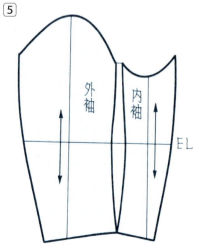

二枚袖は、一枚袖以上に腕の立体感や方向性を表現することが出来、一般的にはスーツやコートなどに向く袖です。基礎線として①のように袖山で1〜1.5cm上げて、前後のAH（アームホール）をとります。

次に②のように方向性を持った袖のシルエットを描いてから、③のように内袖と外袖になる線を入れます。

③はあきみせなしの場合です。

④のように外袖を展開して、仕上げ線は図のような曲線で描き上げて、内袖と外袖を離して出来上がったパターンにすると⑤のようになります。

方向性を持った袖とは…腕は自然に下げると、手の先は前方向に落ち着き、その傾斜を考慮した袖のこと。

二枚袖の引き方（あきみせありのとき）

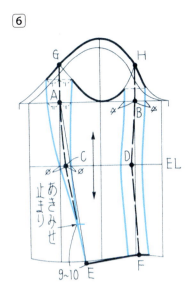

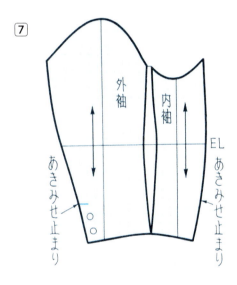

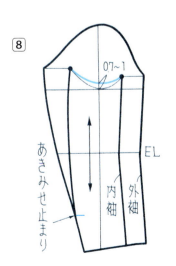

⑥はあきみせありのときの場合です。後ろ袖側の袖口より、9〜10cm位を同一線で描き、あきみせ止まりの位置を印しておきます。内袖と外袖を離して出来上がったパターンにすると、⑦のようになります。
また③（54ページ参照）の作図を機能性のある袖にしたいときには、⑧のようにすると、袖下が長くなるので良いしょう。

二枚袖の応用

基礎的な二枚袖に対して、①のような応用袖も出来ます。このようなときには①−aのように、好みのシルエットを描き、①−bのように内袖と外袖とに分けて、①−cのような曲線やいせなどを入れながら仕上げます。一般的に二枚袖というと内袖と外袖とに分けがちですが、②−aのように前袖と後ろ袖の二枚で構成された袖という定義で分けることも出来ます。この袖を考えるときの注意点としては、まず袖山で前後とも5mmのいせ分だけを残して袖山線を描きます。すると②−bのような前袖と後ろ袖になります。後ろ袖は肘ダーツにせず、②−cのような操作で、ダーツをなくした型紙にして仕上げます。

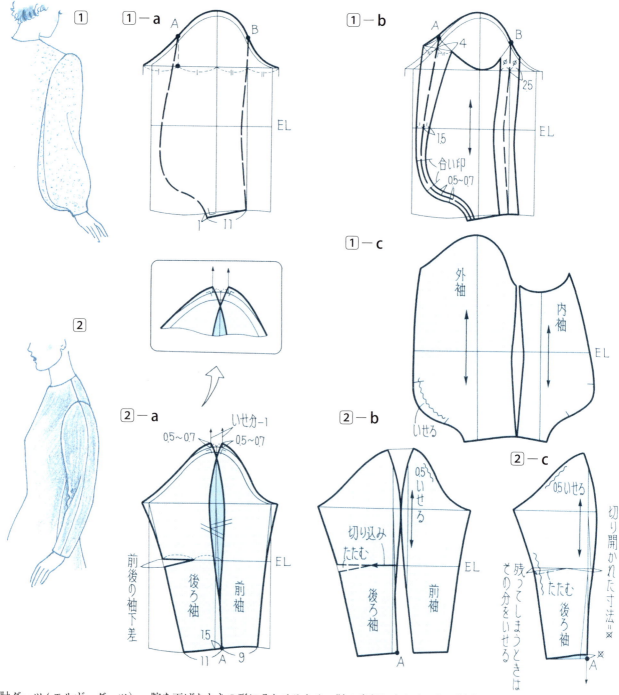

肘ダーツ(エルボーダーツ)…腕を下げたときの形にそわせるため、肘の突部に合わせてとる肘ぐせ。

スリーブの試着補正

腕が上がりにくいとき

AH（アームホール）の底が下がりすぎると腕が上がりにくくなり、着にくいドレスとなります。このようなときには、図のように身頃のAHの底、つまりBL（バストライン）を◎分上げて、AHを描き直します、と同時に関連のある袖の袖下線◎分上げます。そして身頃の袖の合い印を忘れずに移動します。

②のように身頃はそのままで、袖の袖下線を◎分上げます。このときA、Bを基準に弧線を描き、◎寸法上がった線との交点を求め、袖山の長さが変化しないようにします。このようにすると、袖下寸法がその分長くなり、袖下にまちを入れたのと同じ効果を示し、機能性が出てきます。

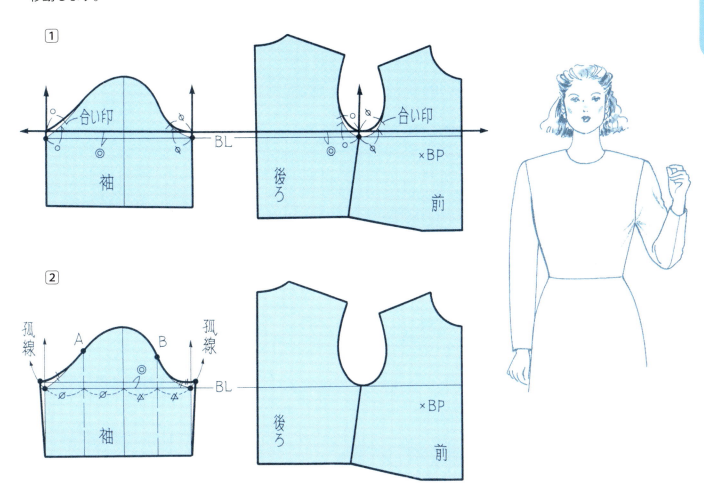

まち…脇の下や袖ぐり下に、運動量を補うためや、装飾を目的として入れる布。

袖下がつかえてしわが出るとき

AH（アームホール）の底が高すぎて、腋下が窮屈で、しわが出たときは、図のように身頃のAHの底、つまりBL（バストライン）を◎分下げてAHを描き直します。同時に関連のある袖の袖下線も◎分下げます。そして身頃と袖の合い印を忘れずに移動します。

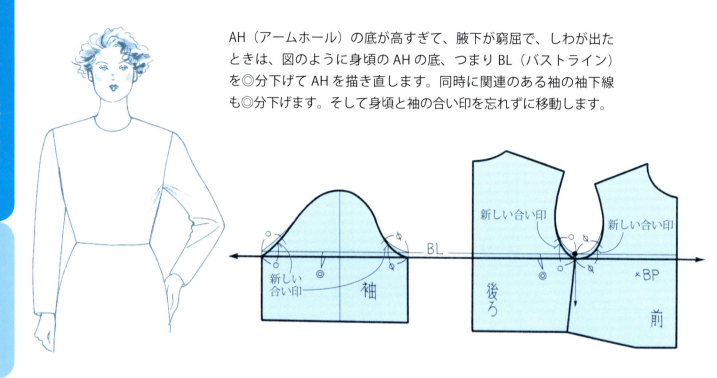

脇下前後からしわの出るとき

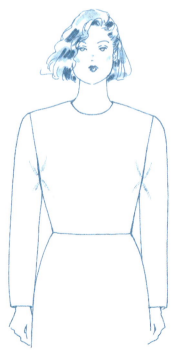

前後身頃の前幅、後ろ幅が不足のときに出るしわの場合は、不足分◎を前後のBLで出して、それぞれWL（ウエストライン）と結びます。同時に関連のある袖の、前幅、後ろ幅にも身頃と同寸◎を出します。そして身頃も袖も忘れずに合い印を移動します。

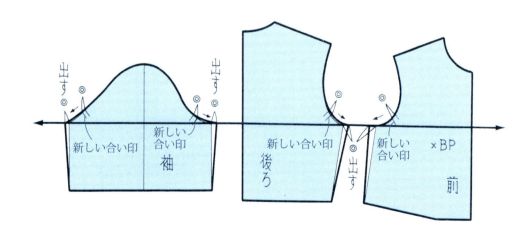

前袖に斜めじわが出るとき

前袖の斜めじわが出ているときで、原因は前肩（上腕の肩部側が前寄り）なため、前につかえて斜めじわが出るので、図のように袖山点 **a** を前方に移動し、袖つけ線を描き直しながら、適切な位置にいせの配分をします。

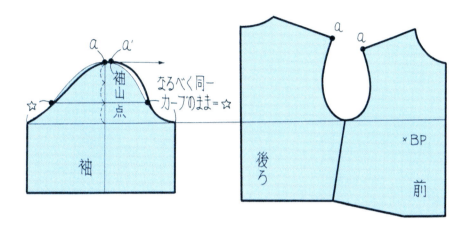

後ろ袖に斜めじわが出るとき

上腕の肩部側が後ろ寄りのため、後ろの袖山に斜めじわが出るので、図のように袖山点 **a** を後方に移動し、袖つけ線を描き直しながら、適切な位置にいせの配分をします。

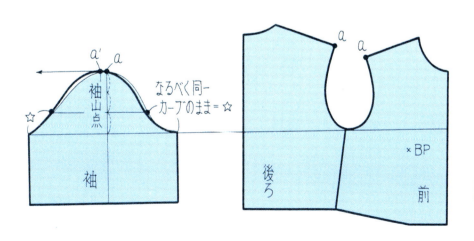
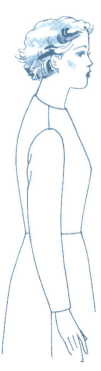

AH（アームホール）線 …袖ぐり線。

袖山のあたりに横じわの出るとき

上腕部の太い人のときに出るしわです。このときはしわがなくなるまで、図の位置で不足幅を追加して、幅広にします。

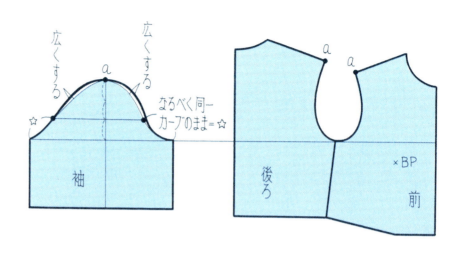

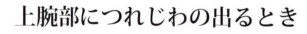

上腕部につれじわの出るとき

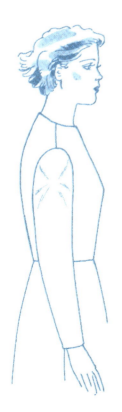

これも上腕部の太い人のときに出るしわです。この場合は上腕部が特に太くて、張っているときのしわなので、これをなくすためには、横（幅）と縦（長さ）の両方を、図のように追加して補正すると良いでしょう。

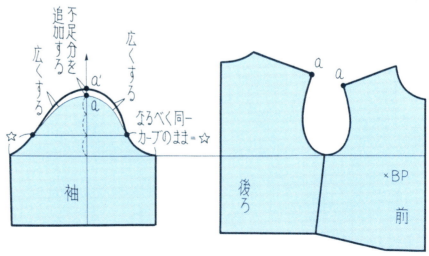

袖山が低くてしわが出るとき

袖山が低いときにでるしわです。しわがなくなるまで、袖山を高くします。描き方としては、前後とも袖幅の2分の1の範囲で補正すると良いでしょう。

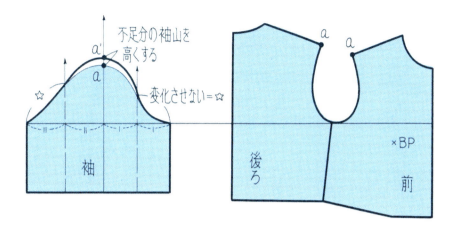
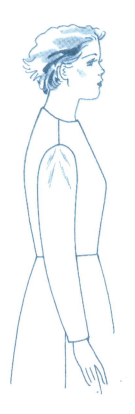

袖山が高くてしわが出るとき

袖山が高すぎるときに出るしわです。しわがなくなるまで袖山の余る分を下げます。描き方としては、前後とも袖幅の2分の1の範囲で補正すると良いでしょう。

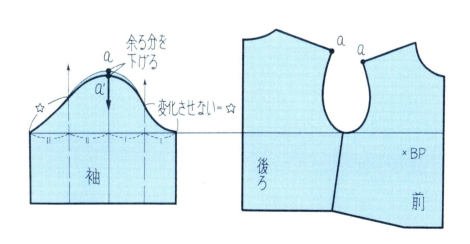
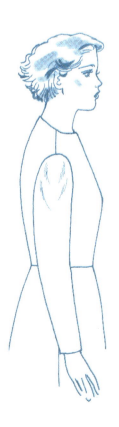

袖山の高さについては、41ページの『適切な袖山の高さの確認法』参照。

上腕が張っていて袖つけ線をそのままで袖を太くしたいとき

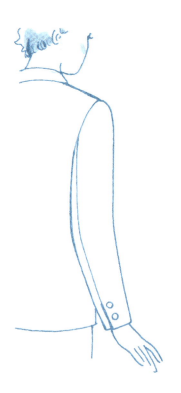

二枚袖のとき、上腕が張っていて、いせ分はそのままで袖を太くしたいときは、①のように外袖・内袖ともに切り込みを入れて、②のような開き方をしますと、袖つけ線はそのままで、袖を形良く太くすることが出来ます。ファッションとして袖を太くしたいときに利用するのも良いでしょう。

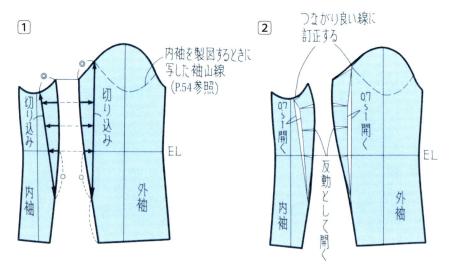

前腋がつかえて着心地が悪いとき

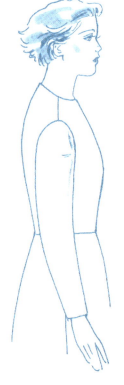

二枚袖で前腋がつかえてしわが出たり、しわが出なくても着心地の悪いときは、①のように切り込みを入れます。②のように少量開くと、前腋は楽になってしわもなくなり着心地が良くなります。

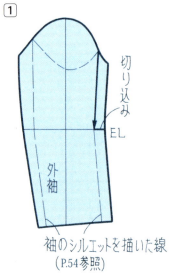
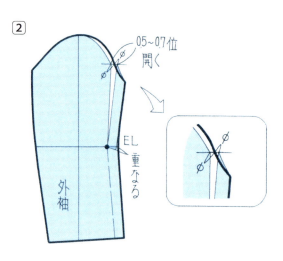

前腋点…腕つけ根まわり線上で、腕を下げたとき、腕と身体との境に現われる縦のしわの始点を前腋点という。

二枚袖のいせ分の増減方法について

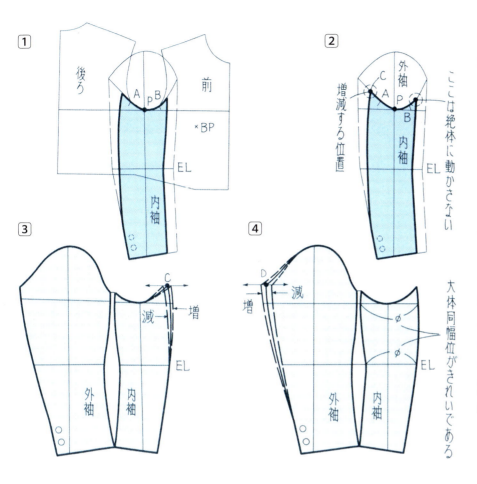

二枚袖のいせ分の増減は、第一段階としては、内袖で行ないますが、①のように A、P、B 間のカーブは身頃の袖ぐりと同一にしないと着やすい袖つけにはなりません。そこで A、P、B 間を動かさないように、②の位置でします。そして少量の増減のときには、③のように内袖の C を中心に水平移動し、EL（エルボーライン）までで訂正します。しかし内袖は④の説明のように、BL と EL は大体同寸幅くらいがきれいですから、内袖を訂正した結果、そうでなくなったときには、外袖の D を中心に水平移動で増減すると、バランス良く補正出来ます。

二枚袖の後方の縫い目にしわの出るとき

このしわはボディの胸が高くて、反身体型のときにその反動として腕が後方に振れて、出やすいしわの一つです。①のように外袖と内袖の縫い目の部分で余り分をたたみます。結果は②のようになり、a、b の直下線に布目を通して裁断します。

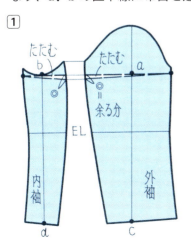
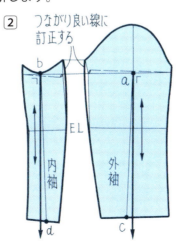

着用前のパターンチェック

キモノスリーブの胸ぐせの処理

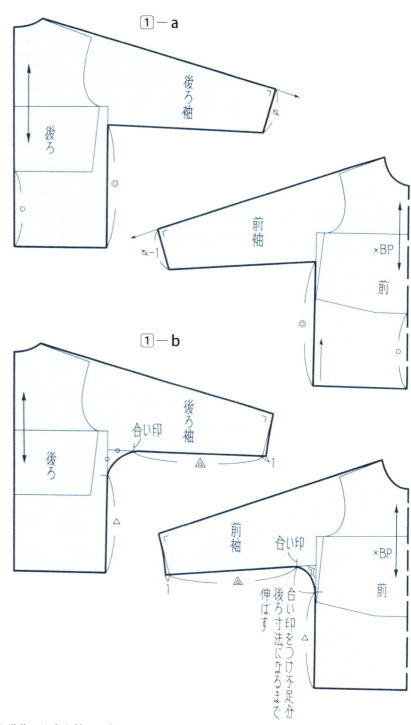

身頃と袖の続いた基本的な袖で、考えなくてはならない問題は、身頃の脇丈と袖下丈にかけて生じる寸法差をどのようにするかということです。これは前身頃や胸の張りに対した前下がり分や、肩傾斜などの違いによるものです。そのまとめ方には①、②の二つの方があります。①—a、bはダーツをとらないで合わせていく方法で、前脇丈寸法は、裾から上方に向かって後ろ脇丈◎と同寸をとり、前後差の胸の張りの分量を、ゆるみの中に処理しています。またポイント間の寸法差は、袖下カーブの合い印の間で不足分をくせとりで伸ばし、袖の方向性も出しています。
（次ページに続く）

キモノスリーブ…袖つけ線がなく、身頃から続いた着物のような袖のこと。

キモノスリーブの胸ぐせの処理

②—**a**、**b** は、なまこ型のダーツをとって合わせる方法で、前脇丈寸法を、裾から上方に向かって後ろ脇丈◎と同寸法をとり、前後差のダーツを一旦とります。（②—**a** 参照）次に袖下の2点間の寸法差を、なまこ型ダーツにとることによって同寸とします。（②—**b** 参照）

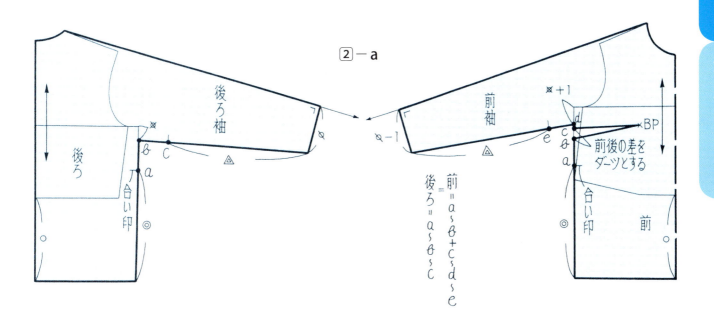

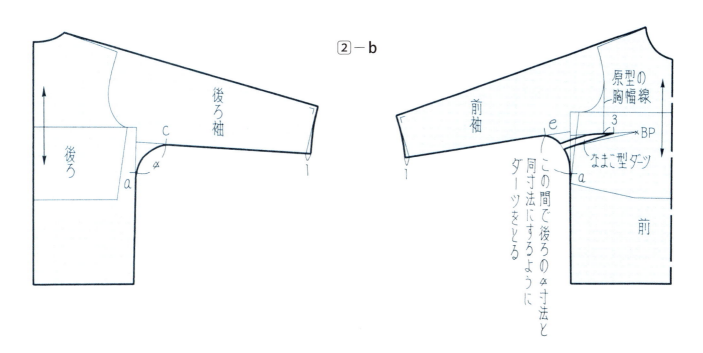

短いキモノスリーブをきれいに着用するには

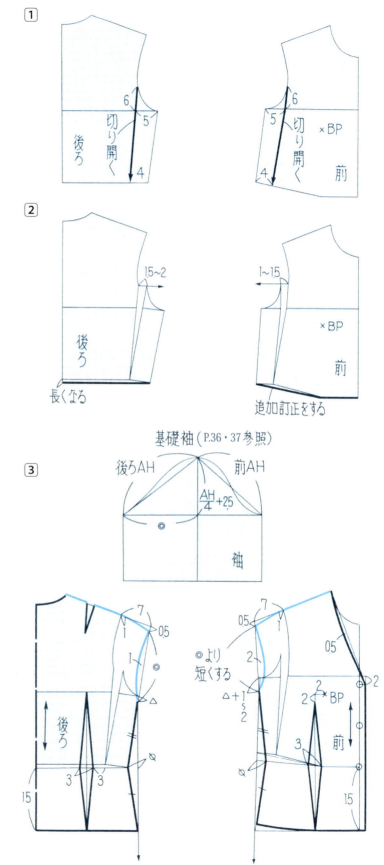

短い袖丈のフレンチスリーブのときに腕をきれいに見せるカッティングのポイントは、1のように原型をAHの位置で切り開いて、身幅にゆとりを入れると良いでしょう。(2参照)そうすることによって、後ろでは肩胛骨から腕にかけてゆったりと覆われることとなり、結果として、すっきり見えるようになります。また、袖口寸法は基礎袖(36、37ページ参照)の後ろ袖幅寸法の◎くらいがちょうど良いので、後ろ肩先から、袖ぐり下にその寸法をとります。前は後ろの袖ぐり下で下げた寸法△に、1〜2cm加えた分量を、同じ袖ぐり下で下げます。袖口線は後ろは浅めにくり、前は深くくると腕の動作がスムーズになります。(3参照)

フレンチスリーブ…袖つけ線がなく、身頃と袖がひと続きになった袖。キモノスリーブともいう。

ラグランスリーブについて

ラグランスリーブと言いますと、一見むずかしそうに見えますが、基本的な考え方としては、身頃のSP（ショルダーポイント）の部分にセットインスリーブを傾斜させて据えて、袖つけ縫い目線をなくしたものです。まず①のようにラグラン線を記入しますが、この線はデザイン線でもあります。（次ページに続く）

着用前のパターンチェック

BODY＋SLEEVE ボディ＋スリーブ

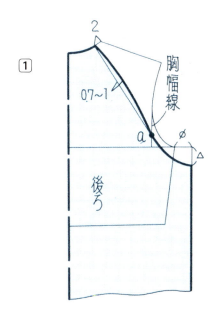

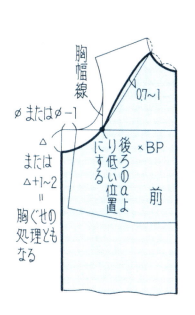

38〜40ページの『機能性と運動量の関係』参照。　※胸幅線は2ページの『原型の描き方』参照。

ラグランスリーブについて

ここで袖の運動量を考える第一の問題点は傾斜を決めることです。この傾斜は②のように人体の機能性を考えてみますと、着用状態と運動量から一般的には45°が最適で、作図に表現すると③のようになります。そして、それ以上傾斜を強く（深く）しますと腕の上げ下げがしにくくなる、つまり運動量が不適当になります。（次ページに続く）

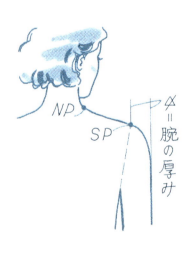

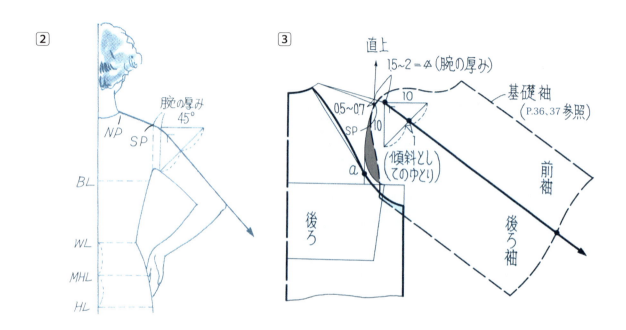

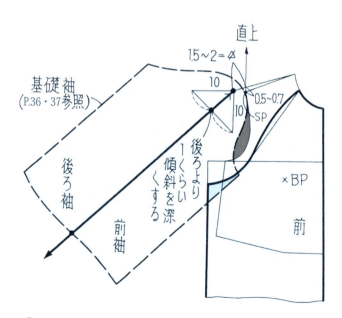

● ＝ セットインスリーブのときより多いゆるみとなる

ラグランスリーブについて

4、5のように傾斜を弱く（浅く）すると、身頃とスリーブ部分の重なりが少なくなり、機能性は十分ですが、必要以上にゆるみがしわになって出ることにもなります。
（次ページに続く）

4

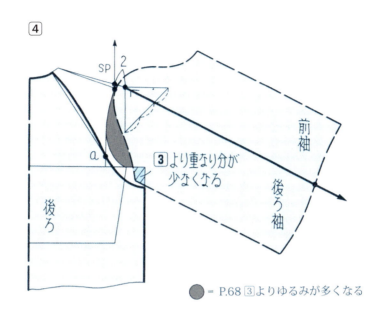

● = P.68 3よりゆるみが多くなる

5

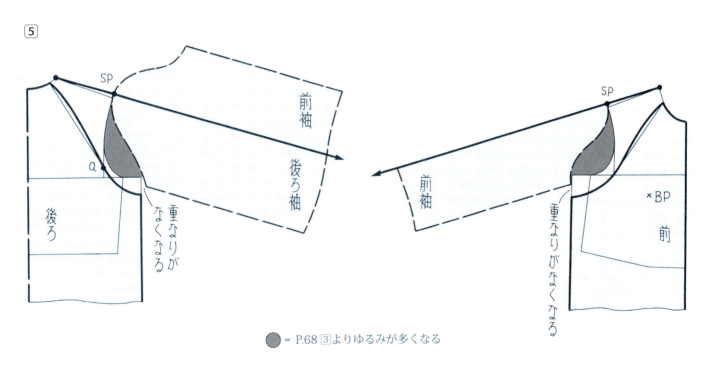

● = P.68 3よりゆるみが多くなる

38〜40ページの『機能性と運動量の関係』参照。

ラグランスリーブについて

第二の問題点は袖山の高さです。基本的には基礎袖のときの袖山の高さを基準としてとるわけですが、袖山を低くすると、袖下は長くなり、袖幅は広くなります。袖山を高くすると、袖下は短くなり、袖幅は狭くなりますから、服種やデザインに応じて加減します。[6]袖下のくりの描き方は、[7]のように、身頃とスリーブの合い印を**P点**とし、**P点**から脇までの直線寸法を○によって決まることになります。(このテクニックは**P点**にコンパスを立てて行なうと簡単です）

次に身頃のカーブの深さ◎を袖にも同じ深さをとって描きます。前の部分も後ろと同様で、[7]のように描きます。前と後ろとで異なる部分は、前の傾斜を後ろより深くすること、前袖幅、前袖口幅をともに後ろ袖幅、後ろ袖口幅より狭くすること、袖下の交差寸法は後ろの**X**より前の**Y**の方が多いこと、以上これらが腕が前方にいき、着やすくなる条件ということになります。（次ページに続く）

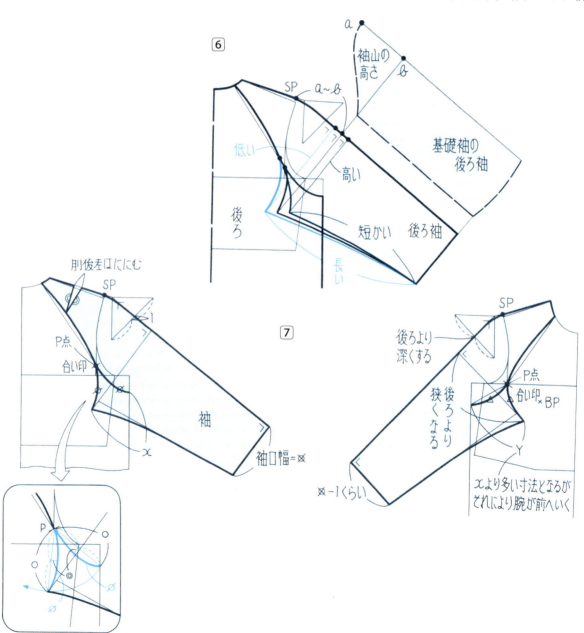

ラグランスリーブについて

ここまでで、作図としては出来上がったわけですが、ラグラン袖の型紙とするのには、デザインにより同じ作図でも、⑧-**a**のように袖山線がわ裁ちで肩ダーツにする場合と、⑧-**b**のように袖山線に縫い目をつける場合とがあります。**a**の場合は型紙の前後袖山を突き合わせにし、後ろ肩ダーツをたたみくぼんだ部分は追加訂正をし、SP（ショルダーポイント）から2～3cmくらいをダーツ止まりに決めます。

bの場合は前袖山で腕の形に合わせるように、方向性を出すために1～1.5cmカットし同寸を袖下で追加します。（次ページに続く）

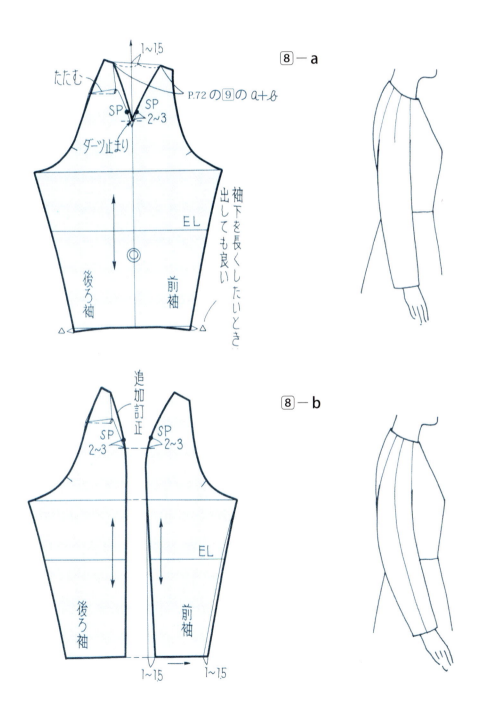

前袖山で腕の形に合わせるとは 腕を下げたときの腕の傾斜に合わせるということ。

ラグランスリーブについて

前ページの肩山のダーツ分は、⑨の **a+b** と同寸で、大体12cmくらいから傾斜によっては8〜10cmになります。またデザイン性からラグラン線の応用として、⑩ー **a** のようなラインの入れ方で、'エポーレット・スリーブ''ラグラン・スリーブ' 'ヨーク・スリーブ''パネルライン・スリーブ'などになります。更に⑩ー **b** のように、合い印となる P点の上下により、ゆとりとかぶさり分のデザイン変化をさせることも出来ます。（次ページに続く）

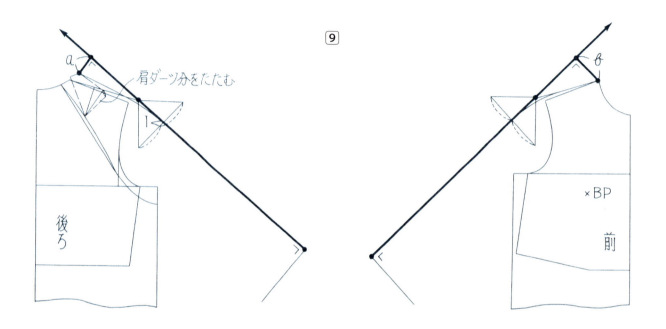

⑩ー a　ラグラン線の応用と名称　　⑩ー b　P点の位置の決め方

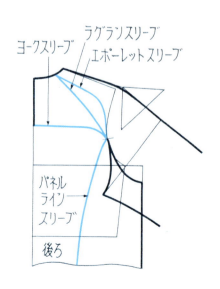
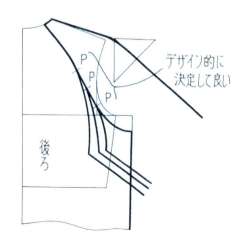

ヨークスリーブ…ヨーク続きの袖。　エポーレットスリーブ…正面から見ると肩章が続いたように見える袖。
パネルラインスリーブ…パネルラインから続いた袖。

ラグランスリーブについて

⑪、⑫はラグランスリーブでも基礎袖を据えてから、身頃を置いて、描いていく方法です。
⑪のときの順序は基礎袖を据え更に、前後身頃のSPを0.5〜0.7cm離しながら、NPで72ページの⑨のときの寸法の8、10、12cmとの接点を見合わせながら据えます。

あとは70ページと同様に⑪−**b**、**c**の順で描きます。
⑫は肩山に縫い目がないときで、このときには袖山と前後身頃のSPの3点をつけて、身頃を据え、あとは70ページ⑦と同様に描きます。前後のNPの差は中間を通って仕上げ線を入れます。

⑪−a 基礎袖に前後原型を据える

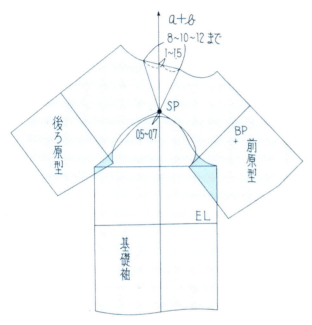

⑪−b ラグラン線を決める

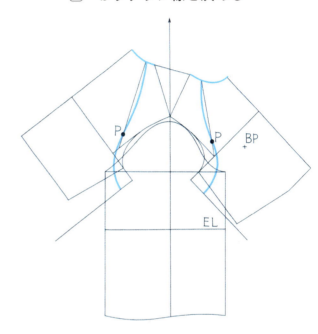

⑪−c 袖の袖ぐり線を描く

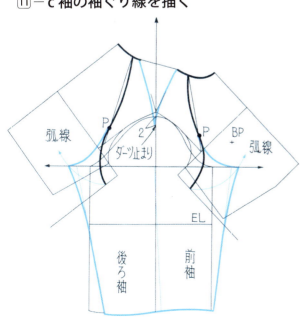

⑫

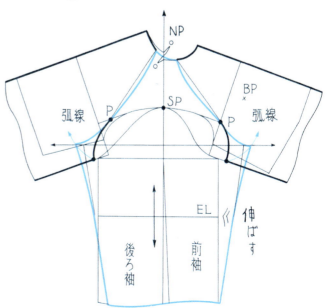

ボディ＋スリーブの試着補正

ラグランスリーブで胸の高い人のとき

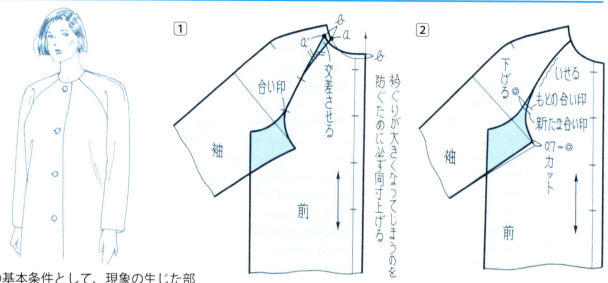

補正法の基本条件として、現象の生じた部位より、なるべく短い寸法の位置で補正することが好ましいとされているので、ラグランスリーブのときには、ラグラン線の位置で補正することが良いでしょう。

胸の高さの度合いによって、1〜5の方法があります。

1は高さの方が不足のときで、aからa'に上げて、縦の長さを出す方法です。

2と3はふくらみの不足のときで、2は簡単に補正する方法で、袖幅を0.7cmくらいカットして、その分をBPの上部でいせる方法です。このとき合い印を移動することを忘れないようにします。

3はサイドダーツ分をたたんで、BP上部で切り開き、その分をいせてふくらみを出す方法です。

4は大変胸が高くて、はっきりダーツをとる方法です。またダーツをはっきり見せたくないときには、5のように合い印のあたりでとると良いでしょう。

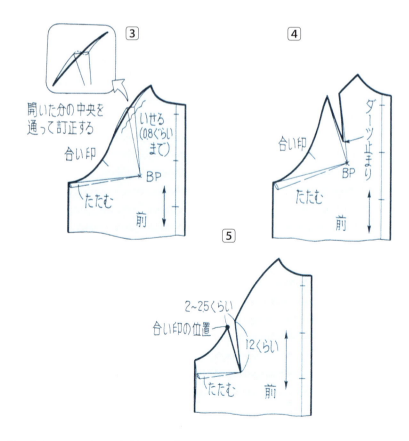

いせ…平面の布を立体化する技法の一つ。細かくぐし縫いをして、アイロンを利用し、水分、熱、圧力を加えて形作ること。

ラグランスリーブで袖下につれじわが出るとき

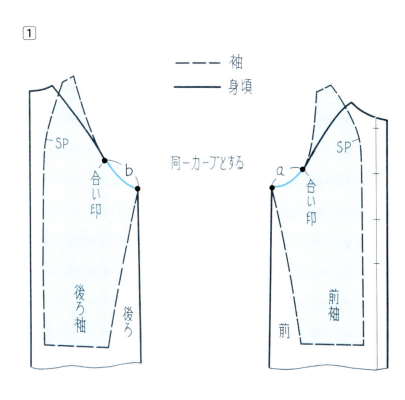

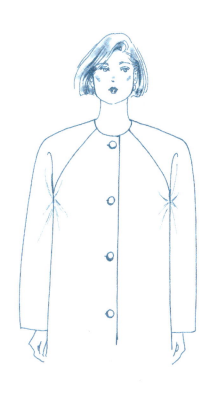

このしわの原因には①、②の二つが考えられます。

①のように普通袖と同様に、ラグランスリーブの場合も、前後身頃とスリーブの**a**、**b**の位置でカーブが同一線であることが重要です。このラインが同一線になっていないと袖下につれじわが出ることがあるので、図のように袖の型紙作りの段階で、身頃のカーブと同一線にさせることを忘れないようにしましょう。

脇の厚み分の不足のときに生じた場合には、②のように前後の身頃で不足分を追加し、それにともない袖も同寸の追加をします。

袖下のくりの描き方は70ページ参照。

SKIRT スカート

着用前のパターンチェック

タイトスカートについて

美しいシルエットのスカートの作図の描き方は次のとおりになります。タイトスカートは従来、①のようにHLでヒップの寸法を決め、次にウエストラインの寸法を $\frac{W}{4}$ ＋ダーツ分で決めて、脇線を描く方法でしたが、①に示してありますように、ウエスト寸法の太いときや、狭いときによって、ヒップとウエストのバランスがくずれてしまいます。そのようにバランスが悪いと、脇線は美しくならず、シルエットが美しく出ない結果となります。そこで美しいシルエットを作るためのパターンの引き方順序とは、②のように先に脇線を描いてシルエットを決めてしまってから、③のようにウエスト寸法を決めた結果、ダーツ寸法が決まり、④のようにダーツを記入していきます。後ろも前と同様です。

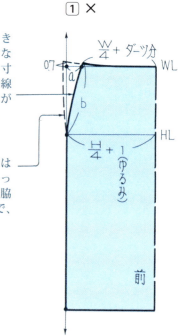

W寸法が細いときは、a寸法が多くなり、結果としてb寸法が長くなり、脇線が余って美しい線が出ないので、不可。

W寸法が太いときは脇線がくの字になってしまい、美しい脇線にならないので、不可。

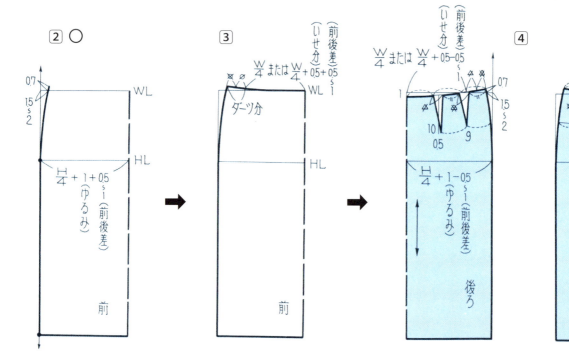

セミタイトスカートについて

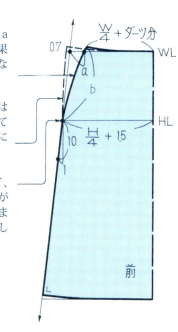

W寸法が細いときはa寸法が多くなり、結果としてb寸法が長くなりすぎるので、不可。

W寸法が太いときは脇線がくの字になってしまい、美しい脇線にならないので、不可。

HLをポイントにして、上下の線のつながりが良くないと、脇線つまり、シルエットが美しく出ない。

タイトスカートのときと同様、①のようにヒップラインの寸法を決め、次にヒップラインから下のシルエットを決め、更にウエストラインの寸法を$\frac{W}{4}$+ダーツ分で決めて、脇線を描いていきます。ウエスト寸法とヒップ寸法とのバランスが良くないと図に示すような、美しいラインつまり、シルエットにならないので、②〜④の順に描きます。後ろも前も同様です。

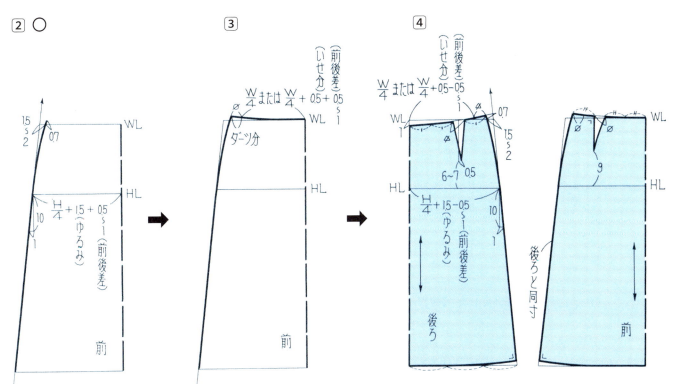

フレアスカートの注意点

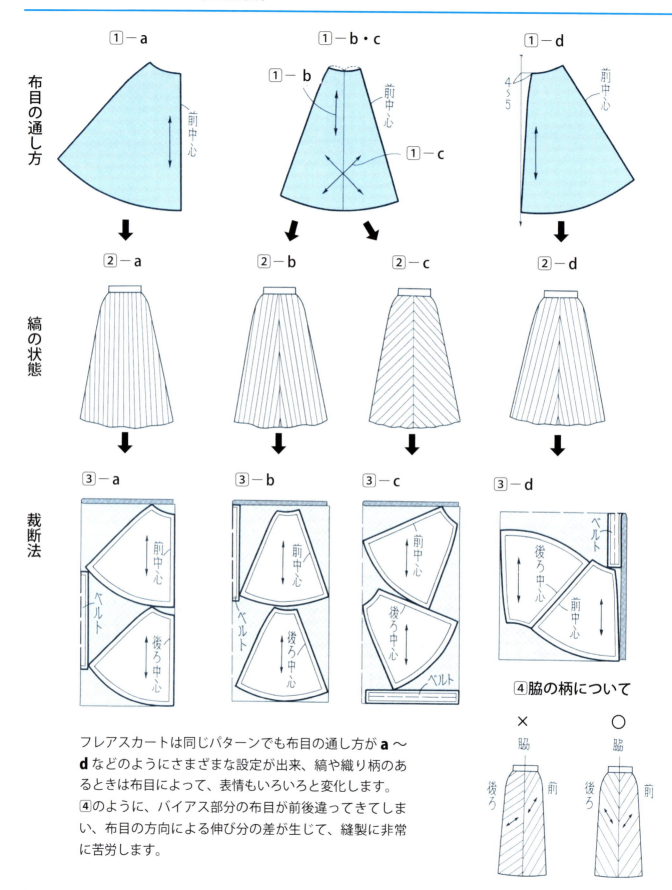

フレアスカートは同じパターンでも布目の通し方が **a ～ d** などのようにさまざまな設定が出来、縞や織り柄のあるときは布目によって、表情もいろいろと変化します。④のように、バイアス部分の布目が前後違ってきてしまい、布目の方向による伸び分の差が生じて、縫製に非常に苦労します。

『フレアスカートの裁断後の注意点』は 91 ページを参照。

トランペット型ゴアードスカートの美しいフレアの出し方

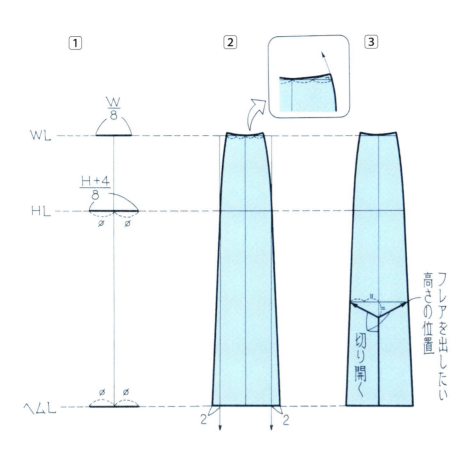

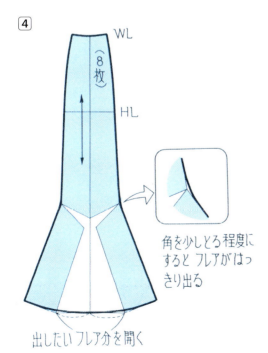

普通のゴアードスカートのときには、一つのスカートを好みの枚数に分割して、計算されたパターンのものを、ただはぎ合わせれば良いのですが、トランペット型のゴアードスカートのときには、美しいフレアを出しながらはぎ合わせるので、高度なテクニックが必要になります。

ここでは八枚はぎで設定してみました。さまざまな方法がありますが、この方法の特徴は①、②までの順序で作った基礎パターンに、③のように切り込みを入れ、④のように入れたい分量のフレア分を切り開く、というところにあります。

この切り開いたときに変化を起こす線の訂正は、角を取る程度にすると、はっきりした美しいフレアが出ます。

ゴアードフレアスカート…はぎによって、フレアを出したスカート。4枚、6枚、8枚はぎなどがある。

プリーツが開かないようにするポイント

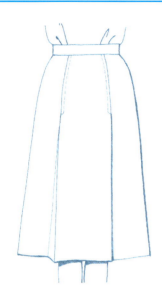

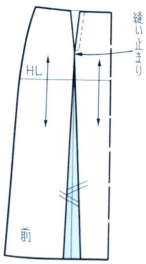

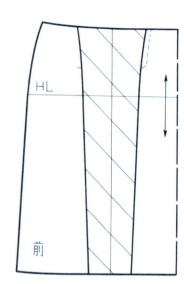

プリーツの縫い止まりから下がいつも開いてしまう原因は、どのようなプリーツのときでも、ダーツのときでも、どのような位置でも、またどのような体型でも、型紙製作上で大切なチェックの段階を一つ飛ばしてしまっていることにあります。
①の作図を描いて②のようにプリーツ分を入れますが、このまま作ってしまいますと、プリーツの陰ひだが安定せず、プリーツそのものも安定しなくなりますので、③のように出来上がり状態に正確にたたんでから、型紙をカットします。その結果再度平らにしてみますと、②の状態と異なるWLが出来ます。そしてこの②と異なるWLから上部に出る部分が大切なのです。つまり③のプリーツを正確にたたんで（立体的に考えることにもなります）線の訂正をしてからカットするというチェックの段階が重要だったわけです。最近はこのようなテクニックがパターンメーキングという言葉で表現され、プロにとって大切な部分となっています。

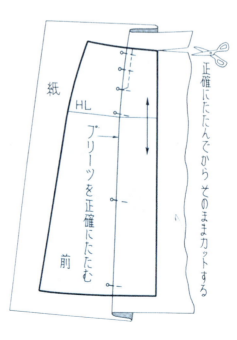

『プリーツが開いてしまうとき』の試着補正は87ページ参照。

スカートの試着補正

試着補正の見方

スカートの試着補正の見方は、表側から布目にそって前後中心とHLに縫いじつけをしておきますと、正確な試着補正をするための目安となります。まず前、脇、後ろから体型をよく見て、特徴を的確につかみます。それから下記の順に従って、細部をチェックしていきます。

（1）全身の映る鏡の前に立ち、HLや裾線が水平か、また前後中心・脇線が垂直かどうかを見ます。ゆとりの分量や、前、後ろの丈などが体に合っていないと体の線が強調されたり、HLや脇線が斜めにゆがんだり、曲がったりします。

（2）WLが安定し、着心地が良いか、またWLの前後のつながりが良いかをチェックします。

（3）全身のバランスも良く、しかも足がきれいに見えるスカート丈を見つけます。

（4）歩いたり、座ったりしてみて、ゆとりや着心地、裾幅の寸法が充分かどうかチェックします。裾回り寸法では歩いたり、階段の昇り降りがしにくくなることがありますので、ひだを入れたり、スリットを入れることも考えましょう。

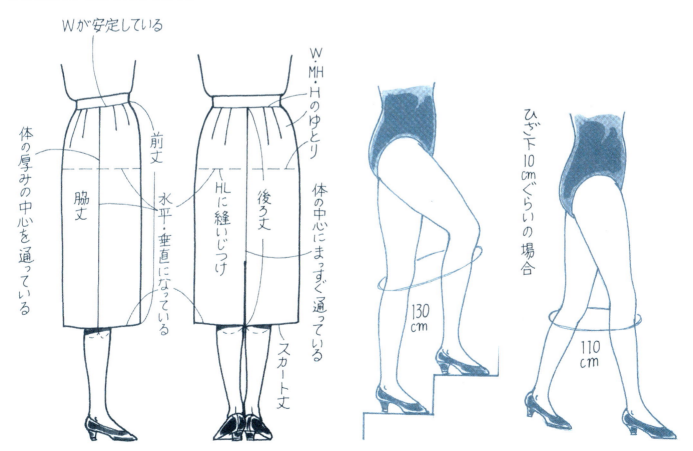

前中心がつり上がるとき

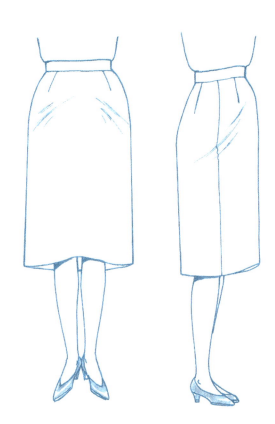

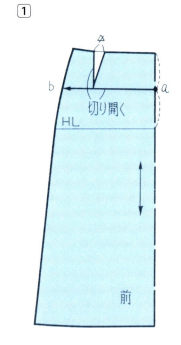

前腹部に大変ふくらみがある、中年の方に多い体型の場合です。このふくらみの部分のためには縦にも横にも長さを必要とするので、②のように開くと、反動としてウエストダーツが開き、これを形作るとふくらみ分が多くなります。

また脇のWLからHLの間にへこみが生じますので、形良く追加訂正をします。

また②のように反動としてのウエストダーツ分が多くなってしまったときには、③のようにダーツを2本にすると良いでしょう。

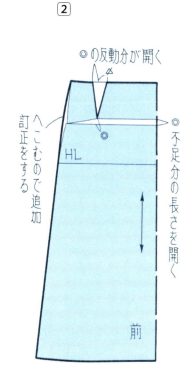

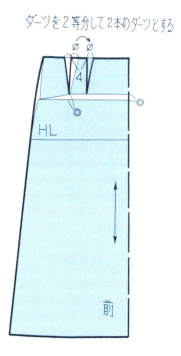

蜂腰で腰のあたりに横じわの出るとき

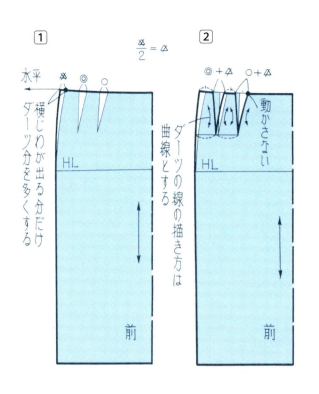

ダーツ分が不足で横じわが生じるので、ダーツ分を①のように脇線で追加します。追加した寸法を2等分し、もとのダーツに増量し、中心側ダーツの前側点は動かさずに、②のようにダーツを記入します。また蜂腰のときは、ダーツのラインは図のような曲線にすると、体型にきれいにはまります。

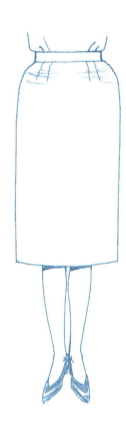

腰に張りがなくダーツの下に余りじわが出るとき

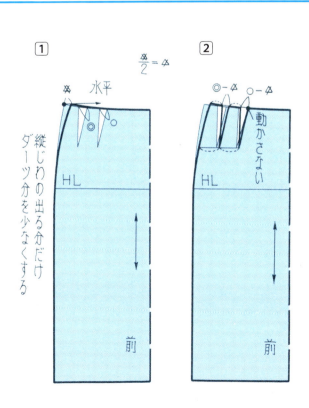

上記とは反対の現象でダーツの下が余るときです。
まず①のように脇線で入れてカットします。カットした寸法を2等分してもとのダーツから減量し、中心側ダーツの前側点は動かさず、②のようにダーツを記入します。

蜂腰…ウエストのすぐ下から腰の張りが強い体型。

大腿部の張りに引かれるしわがあるとき

HL（ヒップライン）より大腿部の周辺の方がサイズが大きいという、若年に多い体型です。①のときはHL周辺の上下の横の寸法不足ということで、HLから裾までは平行に追加し、脇はそのままWLと結びます。
②のときはHLで追加し、裾はHLより多く開くという補正法です。

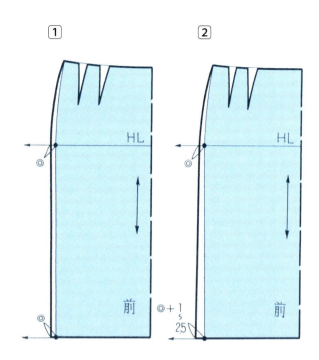

前から後ろ脇にかけて斜めじわが出るとき

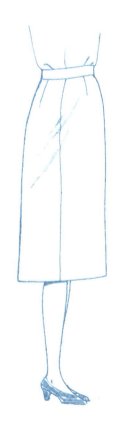

腰部の脇の張りも少なく、後ろ中心も扁平な体型のときに出るしわです。図のように前後スカートのパターンを出来上がりの状態に並べて、脇と後ろ中心で縦の長さで余った分をカットし、カーブ尺で前中心から後ろ中心までをスムーズなラインに訂正します。

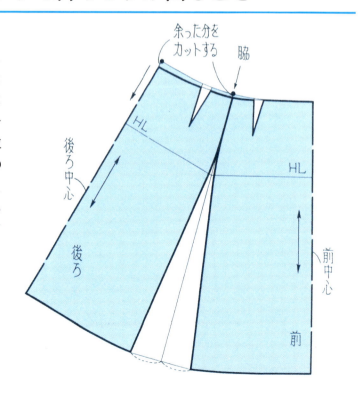

大腿部…太もものこと。94ページ参照。

臀部の張りが強いとき

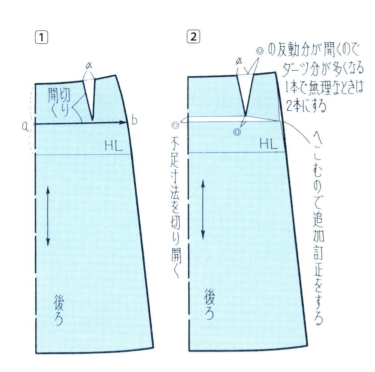

臀部が張っているために、脇から臀部に向けてつれじわが出ます。その上後ろ裾が上がったり、脇線が後ろへ傾いたりします。前スカートの『**前中心がつり上がるとき**』（82ページ参照）と同様の補正方法をします。

a〜b に切り込みを入れて、丈の不足分を切り開き、その反動としてウエストダーツ分が多くなり、臀部のふくらみをカバーします。

後ろヒップが扁平でしわが出るとき

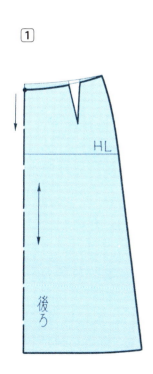
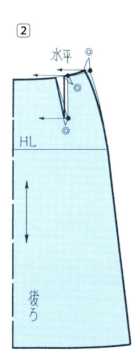

後ろヒップが扁平な体型のとき、①、②の補正法があります。①のときは余っているしわを長さの余分として、後ろ中心で下げてカットする方法です。②のときは余っている分、ボリュームを少量にしてしわをとる方法で、ダーツ分を減量して、それと同寸を脇線でカットします。

脇や後ろ中心がつり上がるとき

腰部の脇や後ろ中心の張りがある体型のときに出るしわです。
脇がつり上がるときは、脇をしわが消えるまで直上してから、カーブ尺でWLをスムーズに訂正します。1参照
また後ろ中心がつり上がるときは、後ろ中心のしわが消えるまで直上してからWLをカーブ尺で訂正します。2参照

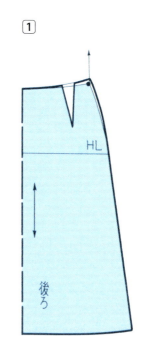
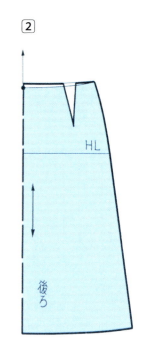

ヒップあたりに横じわが出るとき

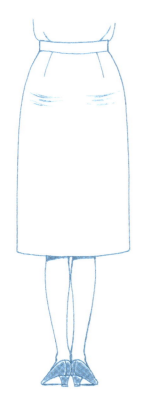

ヒップ寸法が不足しているために出るしわです。
1の場合はHLから裾までは平行に追加し、脇はそのままでHLと結びます。
2の場合は脇もHLも裾まで平行に追加し、追加した分はダーツで増量します。
1より2の方がゆったりとします。

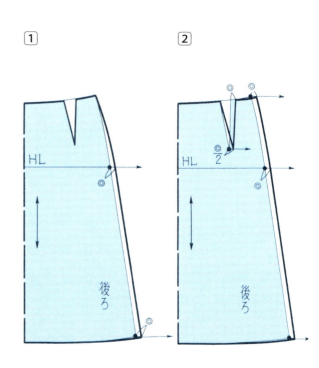

カーブ尺… 脇線、ダーツ線など曲線を描くときに使用するカーブした定規。

腹部が出ているとき

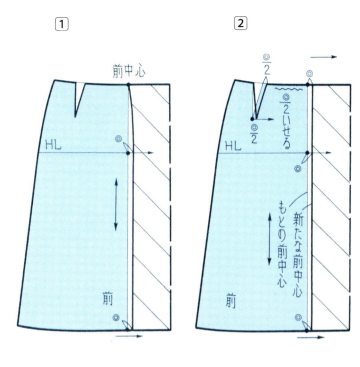

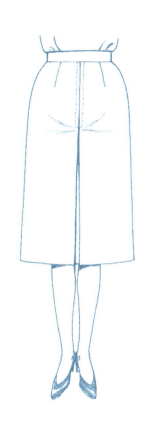

前中心で腹部のふくらみ分が不足しているで、①のように前中心側でHLから裾まで不足分を追加し、ウエストから訂正したHLとをゆるいカーブ線で結び、ふくらみ分を作ってしわを消します。また②のように前中心側でHLでの不足分を平行に追加寸法の2分の1をダーツ、残りをいせて柔らかいふくらみで腹部をカバーすることも出来ます。

プリーツが開いてしまうとき

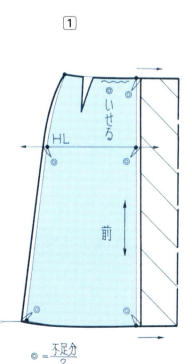

①のように脇にしわが出てプリーツが開いてしまうときと、②のようにしわがなくてプリーツが開くときとがあります。

①のときはHLで前中心側と脇側で不足分を追加して横寸法をゆったりさせると開かなくなります。

②のときはWLでのプリーツのたたみ方を正確にして、しつけで止めてから次の縫製に入っていくとプリーツは開かなくなります。

着用前のパターンチェックの『プリーツが開かないようにするポイント』80ページ参照。

キュロットスカートの前股部が張っていてつれじわの出るとき

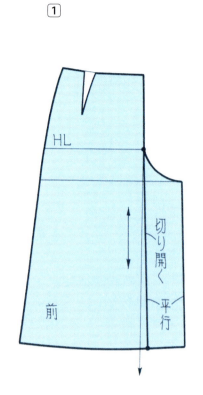

⓵

⓶

前HL（ヒップライン）周辺の寸法と厚み寸法が不足しているときに生じるしわです。
⓵のように切り込みを入れて、⓶のように厚み寸法を追加します。更に不足でしわが出るときは、⓷－**a**のようにHLに切り込みを入れて、⓷－**b**のように不足分を切り開きます。

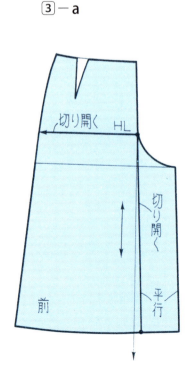

⓷－a

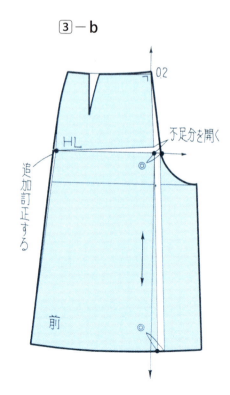

⓷－b

キュロットスカートの後ろ股下にくい込みじわの出るとき

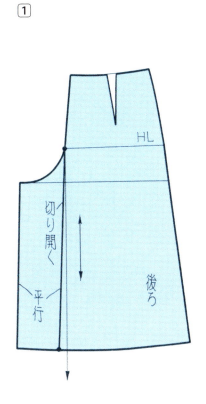

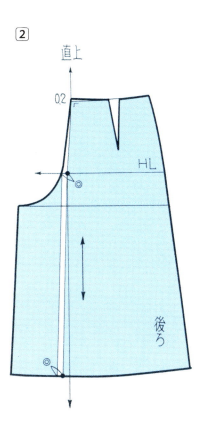

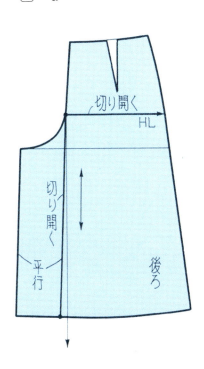

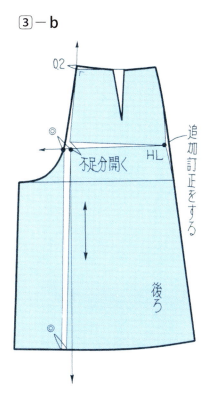

後ろHL（ヒップライン）の周辺の寸法と厚み寸法が不足しているときに生じるしわです。
①のように切り込みを入れて、②のように厚み寸法を追加します。更に不足でしわが出るときは、③－aのようにHLに切り込みを入れて、③－bのように不足分を切り開きます。

キュロットスカートの後ろ股上にたるみじわの出るとき

後ろヒップが扁平な体型や、ヒップが下がっている体型のときに出るしわです。後ろ股上寸法が長すぎるということなので、①のようにHLでa～bに切り込みを入れて、②のように余る分を重ねて後ろ股上寸法を短くします。

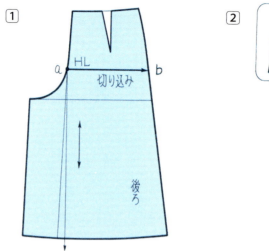

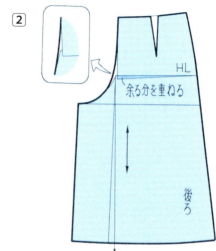

キュロットスカートの股上が長すぎたとき

前後の股上寸法が長すぎたときは、①－aの前後のように余る位置で、余る分を平行にたたむと良いでしょう。後ろ股上については、①－bのように平行にたたまないで、余る分を素直にたたむと三角形状になるときもありますが、そのときは図のような状態で良いでしょう。

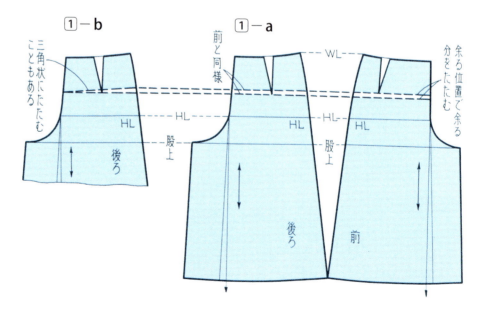

股上寸法…参考寸法表は2ページ参照。採寸の仕方は94ページ参照。

フレアスカートの裁断後の注意点

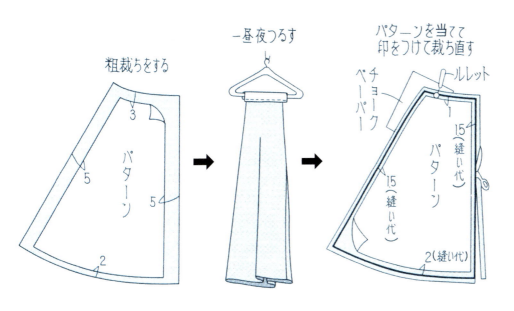

フレアスカートはバイアスの布目の部分が伸びやすいため、裾が不揃いになりやすいので、あらかじめ粗裁ちをして、一昼夜つるしてから、改めてパターンを当てて本裁ちすると、くるいが少なくてすみます。また裾の縫い代は、図のように出来るだけ狭くしますと、軽い感じの裾線になります。

フレアをはっきり出したいとき

図のようにフレアの出したい位置と本数を、直線で結んで角を作り、次に縫い代で図のように同角度の中心に切り込みを入れると、フレアははっきりと出ます。2本のときと、3本のときを図で示しました。またこのWLの角をとって滑らかな曲線に訂正しますと、サーキュラースカートになります。

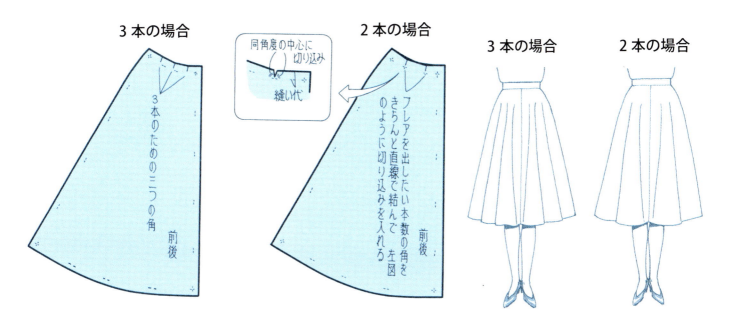

粗裁ち…型紙補正による変更を考えて、ゆとりや縫い代を多くつけておくこと。フレアスカートの場合はバイアス方向の伸びを考慮する。

フレアが多すぎるとき

フレアが思っていたより多く、特に前後中心の縫い目に寄ってしまう場合は、その多いと思われる部分をピンでとめてみて、フレアの具合をチェックします。
フレアの出方の確認が出来た後は、型紙の同位置で同寸法をたたんで、裁断し直します。

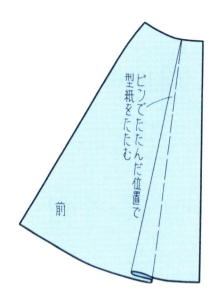

腰・腹部が張っている場合でフレアがきれいに出ないとき

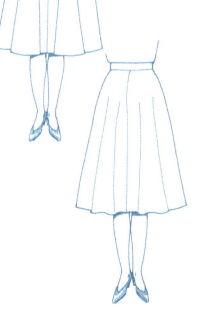

腰が張っているときは、①のように脇を丸みのあるラインにすると良いでしょう。
腹部が張っているときは、①のように腰が張っているときと同様に、前中心にもカーブをつけると、柔らかい美しいフレアが出ます。

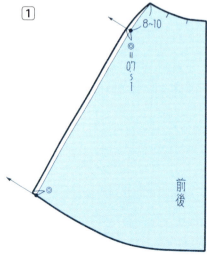
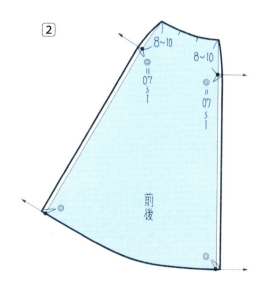

『フレアスカートの注意点』は78ページ参照。

フレアが前中心・後ろ脇に流れるとき

ヒップが扁平で、フレアが脇に流れるため、後ろ中心側のWL下で、フレアを出したい部分をピンでつまみ、フレアが均等に入るようにします。パターンでは、そのつまんだ部分をWLでカットして、くりを深くします。このとき必要W寸法を再確認することを忘れないようにしましょう。脇のポイントが上がりすぎているときに出るしわなので、上がりすぎている寸法を下げてWL（ウエストライン）を訂正し、裾で同寸法を下げて、スカート丈を同寸として裾線の訂正をします。

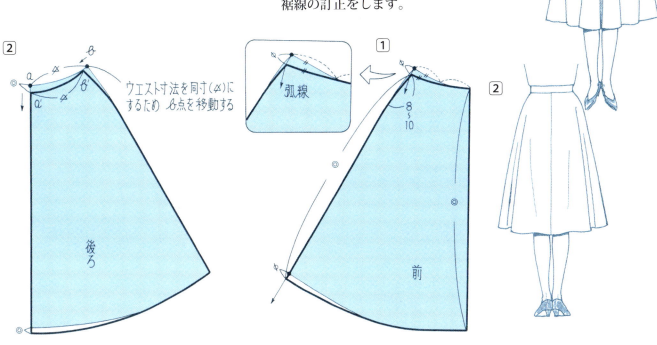

サーキュラースカートがきれいに流れないとき

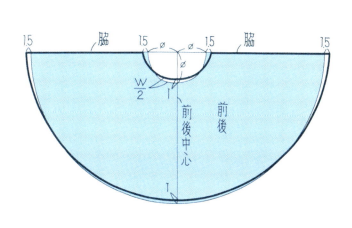

人体のWLの位置は全くの円ではないため、円そのままですと、きれいなフレアは出にくいものので、人体に合わせて脇側を1.5cm広げ、前後中心側で1cm上げて図のような楕円形のWLにしますと、きれいにフレアが流れます。
裾線はWLでの増減を同寸として、スムーズなラインに訂正します。

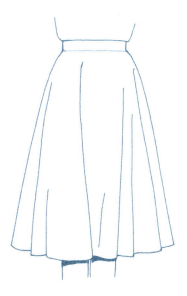

人体のウエストラインの位置の断面図は94ページ参照。

着用前のパターンチェック

PANTS パンツ

パンツについて

流行上から、若い人のためには、さまざまなデザインのパンツが現われておりますが、一般的にはきやすい形のパンツが広く定着したような感じです。そして大きいサイズの人、中年の人にも服種の一つとして、多いに楽しめる時代ともなってきました。美しいパンツを作るポイントは、正しい採寸が基本条件となります。必要寸法は下図に示したとおりになります。

1.WL（ひとまわりして W 寸法）
2.MHL（ひとまわりして MHL 寸法）
3.HL（ひとまわりして HL 寸法）
9. 大腿最大囲（太ももまわり、この部分の張っている人は細身のパンツを作るときに、この寸法が必要です。）

1～2～3～4～5～6 股ぐり（WL の前中心から 4、5 を通って後ろ中心までの長さです。お腹の出ている人、厚みのある体型の人はこの部分をはかっておくと型紙をチェックするときに大変役立ちます。）

7～4～8. パンツ丈（体の側面で、WL から外くるぶしまでの長さが基準になります。）

7～5. 股上寸法（②のように椅子に深く腰掛け、体の側面で WL から座面まではかることもあります。）

そして MHL や HL、また太ももまわりなどをはかるときに、特に出ているような場合には、③のように厚紙を当てて、おなかの張りなどを見越してはかります。

《採寸の仕方》

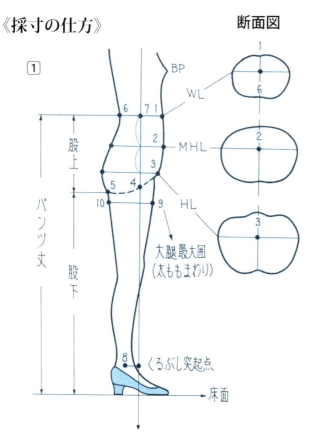

断面図

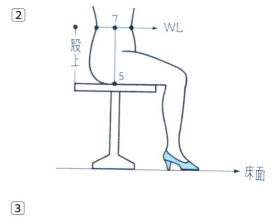

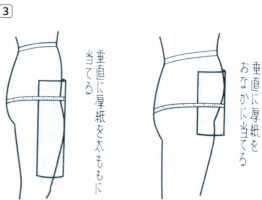

WL・MHL・HL などの略語については、8 ページ参照。

パンツのフォルムについて

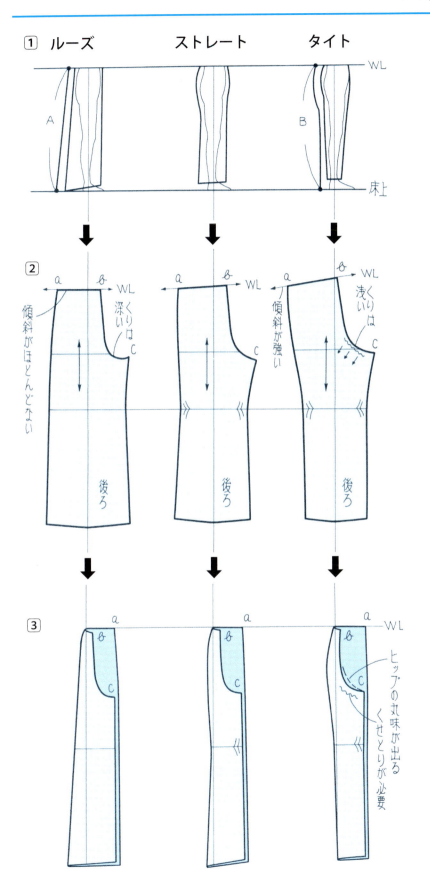

さまざまな流行スタイル、つまりタイトになったり、ルーズになったりしますが、パンツのスタイルは①図のような三つのタイプに分けられます。

それぞれの前のパターンはほとんど同一ですが、後ろのパターンは②のようになります。

これは人体が"動"の状態の機能性から前屈身が非常に多いので、後ろ股上寸法を長く必要とするということによります。

また"静"の状態でも①のルーズなAとタイトなBでは、人体の曲線に合わせるタイトなBのほうが、長い寸法を必要とします。これをパターンで表現しますと、②のようになり、ルーズよりタイトのほうが、後ろ股上寸法が長く必要です。

また、着用状態を考えますと、このままの状態では着用されるのではなく、③のようにいずれのときもWLは水平まで下がっていき、ヒップの曲線を出すことにもなり、くせとりが必要となってきます。

ルーズのときは、すでに後ろ股上のWLは水平なので、ヒップの形を出す必要もないので、くせとりは不要ということになります。

くせとり…平面的な布を体に合わせて、いせたり、伸ばしたりして立体化すること。

パンツの厚み分について

パンツの厚み分としての必要寸法の決め方は、体型の違い（扁平体型、普通体型、円筒体型など）によって大変異なりますが、ここでは普通体型として考え、解説しておりますので、それぞれの体型によって、寸法の増減をして下さい。

一般的には①のように、前パターンではA寸法が厚み分としての必要寸法ということと、折り山線を中心に左右の寸法がやや同寸であること、特に内股側の寸法は二つに折ったとき、②のように寸法不足のないようにすることが、厚み分不足にならない第一条件ということになります。

次に後ろパターンでは前パターンより、更に4〜5cmの厚み分を加えると良いでしょう。このときに採寸してある股ぐり寸法を参考寸法（94ページ参照）として、型紙で確認することも大切です。

更にはきやすい股上線にするために、前後股上線のつながりを必ずチェックしてください。③参照

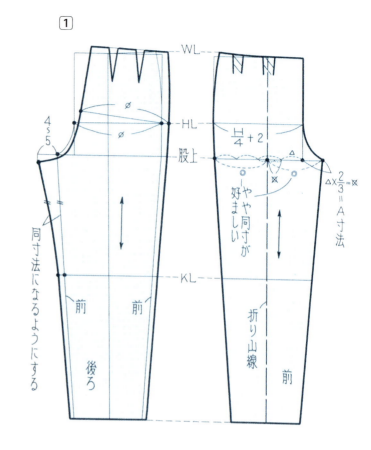

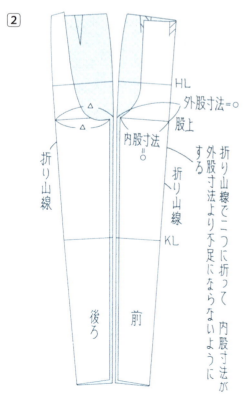

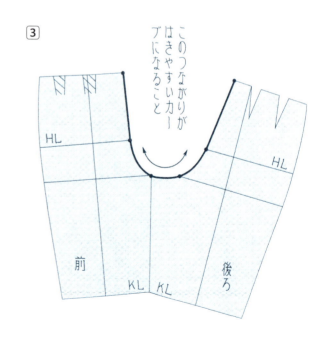

股ぐり寸法…94ページ参照。

後ろ股上寸法についての考え方

機能性から考えて、後ろ股上寸法は前股上寸法に比べ、長い寸法を必要とします。そこで考え方としてまず、①-**a**のように前の型紙のHLの**a**〜**b**に切り込みを入れて、後ろ股上としての**必要寸法＝運動量**を上方に開き、①-**b**のように**c**と**d**とを結んで、後ろの厚みの4〜5cmを追加すると、後ろ型紙となります。

また②のようにショートパンツのときには、運動量を下方に開き**c**と**d**とを結んで、後ろの厚み分の4〜5cmを追加し、後ろ股上寸法の出し方としては、上方でも下方でもシルエットによって出していけるということです。

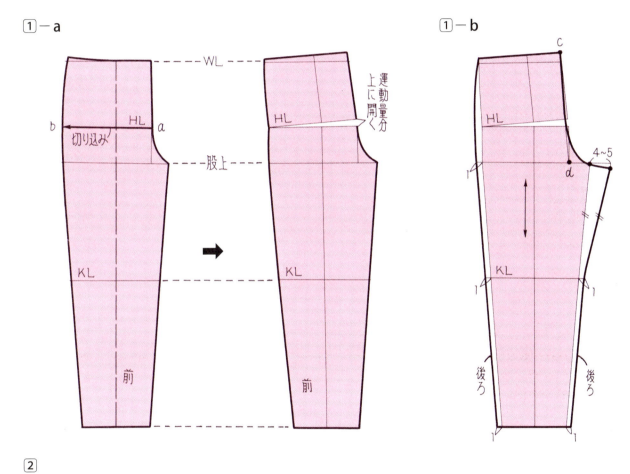

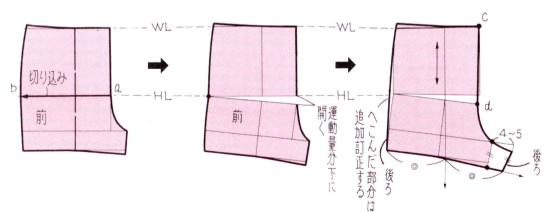

ハイウエストパンツについて

ハイウエストパンツの時は、まず普通のパンツパターンを描きます。そこから好みのハイウエスト寸法をウエスト・ラインと平行に描き、下図のようにハイウエストの位置の大きくなった部分を広げて描きます。

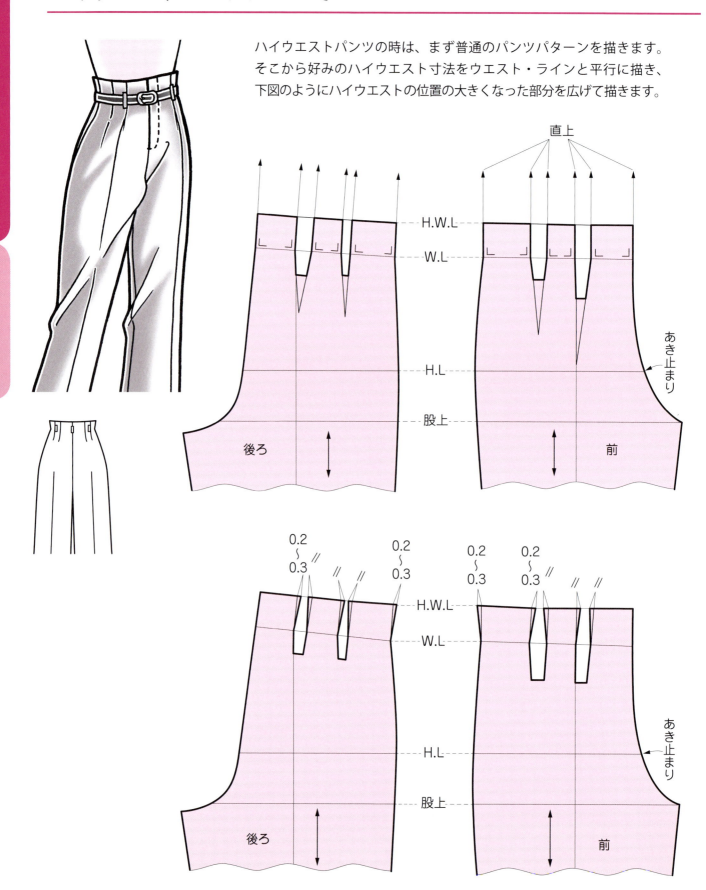

ローウエストパンツについて

ベルト状のローウエストパンツの時は、普通のパンツパターンを描きます。そこから図のようにローウエスト・ウエスト寸法とベルト状寸法を、ウエスト・ラインと平行に描きます。ベルト状の部分は上図のようにダーツ分を突きつけにして仕上げます。

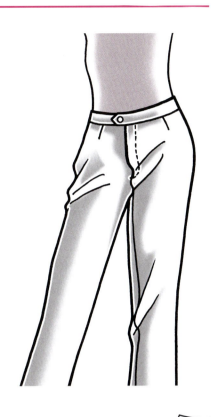

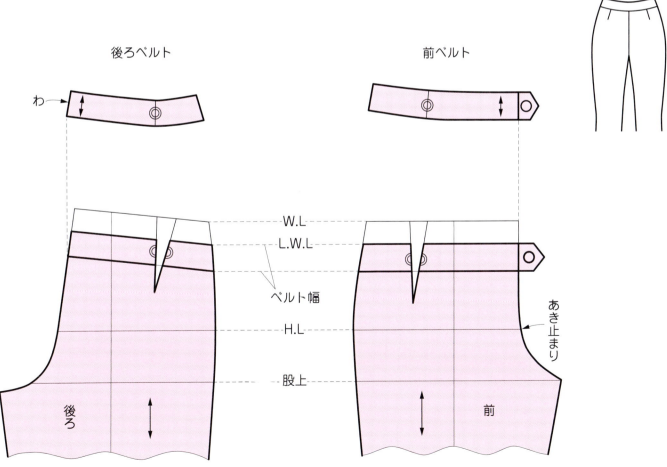

後ろベルト　　前ベルト

パンツの試着補正

前股ぐりにしわが出るとき

この場合は前の厚み分が不足したためで、図のように前中心からHL、そして股上線で同寸を平行に出し、ラインの訂正をして、股上から内股のKLまでに消すようにします。
WLで大きくなった分は、ダーツまたはタックに増量させます。

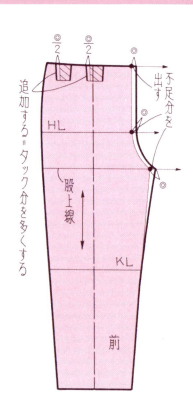

腹部に縦じわが出るとき

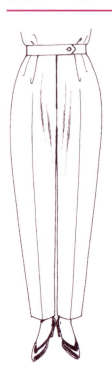

上段と反対の現象のときに出るしわです。前中心、WL、HL、股上線までの余る分を平行に入れます。つまりカットして、内股下ではKLに消すようにします。前中心で入った分量を、ダーツまたはタックで減量することを忘れないようにしましょう。

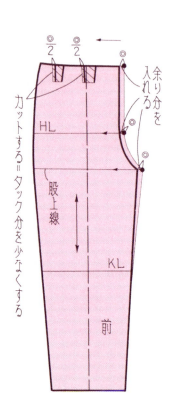

腰骨あたりに引かれじわの出るとき

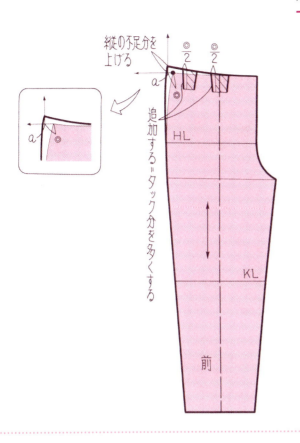

腰骨が張っているときに出るしわなので、不足分を追加します。
図のように脇に不足分を追加して横の不足分を補いタックに増量します。
縦の不足分は **a** より上がって WL を描き直します。

後ろ脇あたりに引かれじわが出るとき

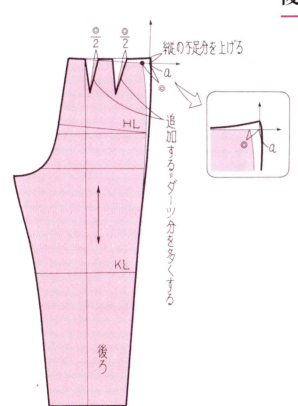

後ろ脇あたりが張っているときに出るしわなので、不足分を追加します。
図のように脇に不足分を追加して横の不足分を補い、加えた寸法はダーツに増量します。縦の不足分は **a** より上がって WL を描き直します。

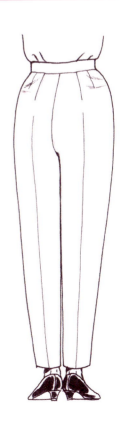

ヒップに引かれじわが出るとき

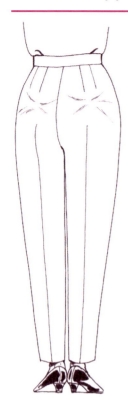

後ろ股上線と脇線で図のように不足分を広くします。
後ろ股上線ではWL、HL、aまで新しいラインが出来、内股下ではKLまでに消し、脇線はHLとbとはやや同寸法を出し、KLまで新しいラインを描き、加えた寸法はダーツに増量します。

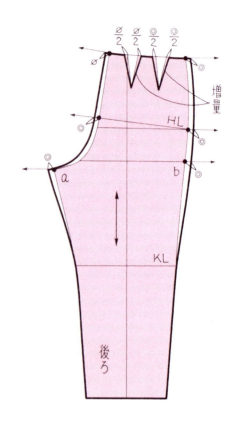

ヒップあたりに余りじわの出るとき

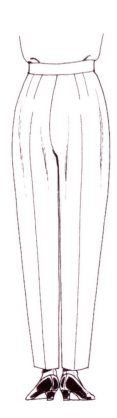

後ろ股上線で余る分を①のようにWLからHLで直線にカットし、あとは続けて自然にくって消します。またこのような場合でW寸法も少し大きいときは、脇で②のようにカットしても良いでしょう。

その反動としてカット分量は二本のダーツで減量します。またしわの消し方として、腰部が全く扁平なときには③のように脇と後ろ中心でカットしてダーツ量を減量すると良いでしょう。

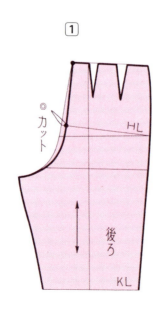
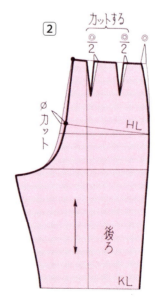
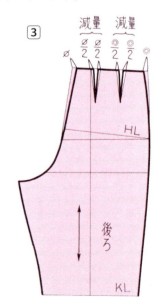

大腿部あたりにつれじわが出るとき

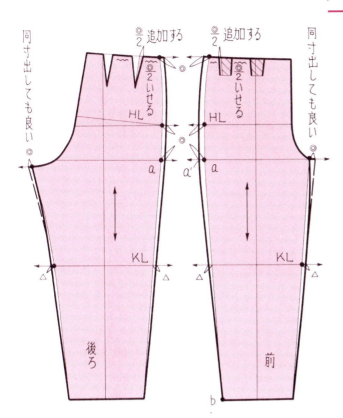

大腿部の張りがあるときは、前後の脇線のWL、HL、aの全ての位置で、同寸法を追加し、全てのKLでは、前脇のa'と裾のbまでを直線で結んで出た△寸法を出します。WLでの追加分は、前ではサイドタックに2分の1を入れ、後ろではダーツに2分の1を入れ、前後とも残った2分の1はいせて丸味を出します。それでもまだしわの出るときには、前後ともに内股側で不足分として、脇側と同寸を出します。

ヒップの下がった体型のとき

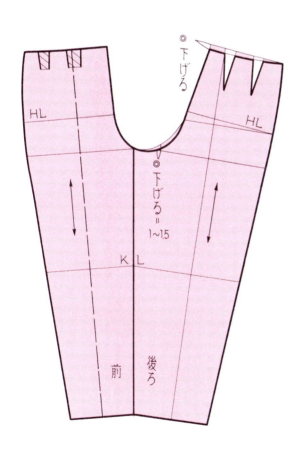

日本人に多い体型です。後ろヒップの下にたるみじわが出るため股上をくり下げます。ただし、くり下げすぎると形は良くなりますが、股ぐり寸法が深くなりすぎるため、かがんだときの運動量が不足してしまうので、くり下げすぎないように注意しましょう。

後ろ股上が短いとき

腰部に張りがある体型のとき生じるしわです。**a～b**に向かって切り込みを入れ、不足分を開いて後ろ股上線を描き直します。
また脇線のHLの周辺が少々へこむことがあるので、追加訂正をします。
切り開く位置はHLとは限らず体型により不足の生じる位置で切り開くと良いでしょう。

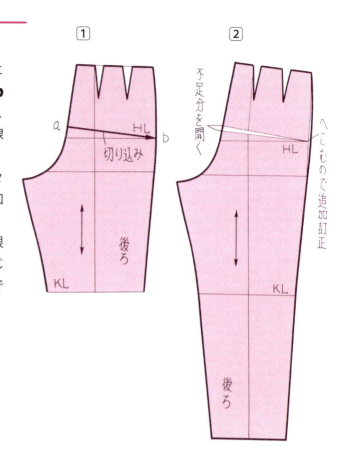

後ろ股上が長すぎたとき

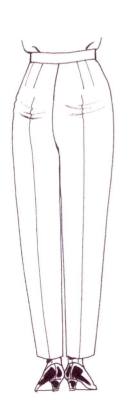

腰部が扁平なときに生じるしわです。上段の1と同様に**a～b**に向かって切り込みを入れ、余る分だけ重ねて、後ろ股上寸法を短くします。また体型によりHLとは限らずに、余る位置で余る分だけをたたむと良いでしょう。

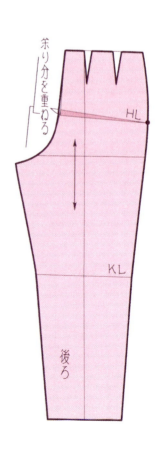

股上寸法…参考寸法は2ページ参照。採寸の仕方は94ページ参照。

折り山線が内側・外側に流れるとき

① - a

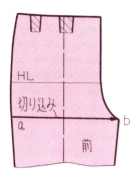

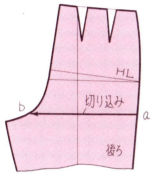

① - b は O 脚のとき生じる現象です。折り山線が外側寄りになるので、前後とも ① - a のように股上線で、a〜b に切り込みを入れて切り開き、裾線まで O 脚の度合いによって折り山線を 1.5〜2 cm 内股側に振ると良いでしょう。結果として ① - b のように股下の部分が移動したことになり、布目は移動した折り山線に通します。

① - c は X 脚のときに生じる現象で、O 脚と反対現象になります。折り山線が内側寄りになるので、前後とも ① - a のように股上線で a〜b に切り込みを入れて、裾線で X 脚の度合いによって折り山線を 1.5〜2 cm 外側に振ると良いでしょう。結果として ① - c のように股上線で重なりが生じて、股下の部分は移動した状態となります。

① - b・o 脚　　① - c・x 脚

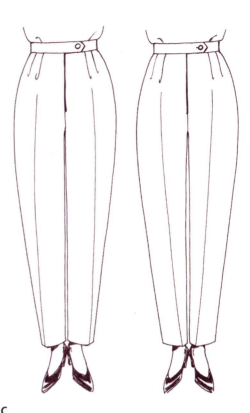

① - b

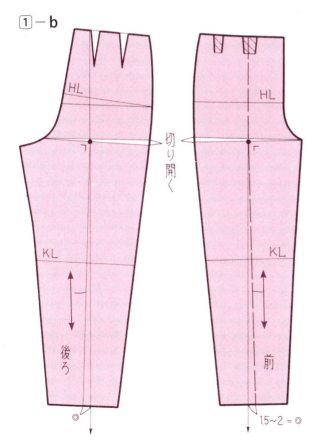

① - c

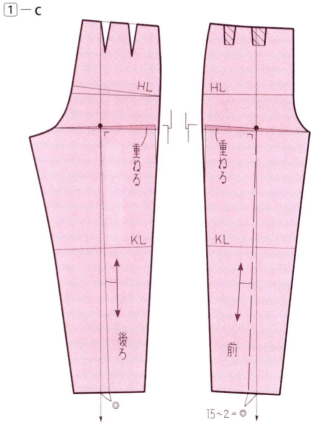

O 脚…直立したときに、膝が離れて O 字型になる足の形。
X 脚…直立したときに、膝がつき、内くるぶしがつかず、X 字型になる足の形

パンツの試着補正

PANTS パンツ

着用前のパターンチェック

COLLAR 衿、衿ぐり

衿・衿ぐりについて

衿、衿ぐりは、一般的には頸といわれる部分の頭部と体幹部との連結部に位置し、特に原型のネックラインと関連のある重要な部分であり、さまざまな変化、つまりデザインが考えられます。頸の形は前面から見ますと、太い、細い、長い、短い、首から肩への線のなだらかなタイプ、角型のタイプなどがあり、一般的な頸の横断面は図のような形です。側面から見ますと、首の傾斜やヘアスタイルや顔立ちと大いに関連がありますが、いずれの位置からも顔面に近いので、ドレスの美しさの表現からも非常に大切な部分であることがわかります。

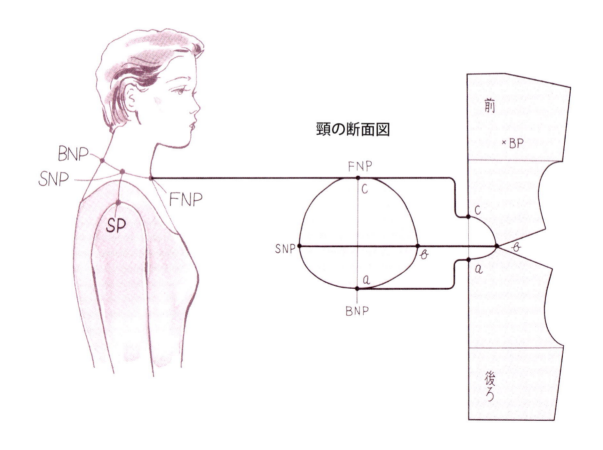

頸の断面図

身頃の原型の描き方は、2ページ参照。

衿の衿つけ線の方向性のいろいろ

ここでは最もプレーンなスタンドカラーを一例としてみましたが、他の衿のどんなに外回りが変化したものでも、衿つけ線は①、②、③、④の方向性のどれかと一致するか、または近いものになります。その理由は矢印の傾斜度と、衿の上端寸法と下側のつけ寸法の差との関係から、衿が成り立っていることになります。②のように衿の上下の寸法の差がないと図のような直線の型紙となり、NPの衿の方向は矢印のようになります。③は一般的な型ですが、衿の上下の長さの関係は、上＜下となり、NPの衿の方向性は矢印のようになります。④の衿の上下の長さの関係は上＞下となり、NPの衿の方向性は矢印のようになります。①と④とはスタンドカラーという同一名でも、矢印の方向性が正反対で、③より寸法差が大きくなります。

着用前のパターンチェック

COLLAR 衿、衿ぐり

①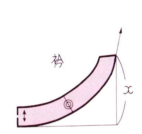

②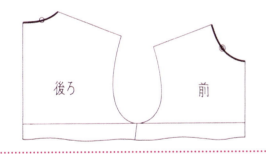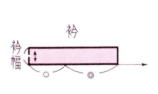

③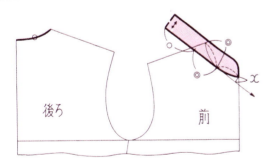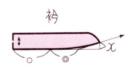

④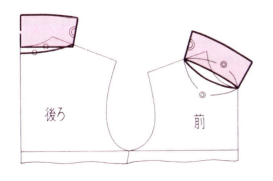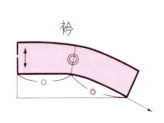

スタンドカラー …首にそって立った衿のこと。

衿の衿つけ線の変化

衿の作図方法の表現には、**a**のように一般的には別裁ちといわれているものと、**b**のような身頃の作図に続けて、衿の作図をするものとがあります。最近aの方法が多く用いられておりますが、これは試着補正などの結果として、部分で型紙を訂正していくことや、衿のみ立体裁断で行なうことが多くなってきたので、この表現方法が多くなったわけです。さて①—**a**の衿つけ線は、①—**b**のように原型に合わせますと、前端部分は同一線であり、それを出来上がりに折り返してみますと、折り返り線は①—**c**のように直線になり、左右合わせると、一般的にいうV字型の折り返し線になります。また②—**a**の衿つけ線は②—**b**のように原型に合わせますと、衿と身頃のくりの部分は同一にならず、少々カットされていることになります。そして出来上がりに折り返してみますと、折り返り線は②—**c**のように曲線となり、左右合わせると一般的にいうU字型の折り返し線となります。そこで衿の衿つけ線を描くときには、折り線のデザイン線をどのように現したいのか、また出来上がらせたいのかをしっかり決定させてから、作図にとりかかることが大切です。

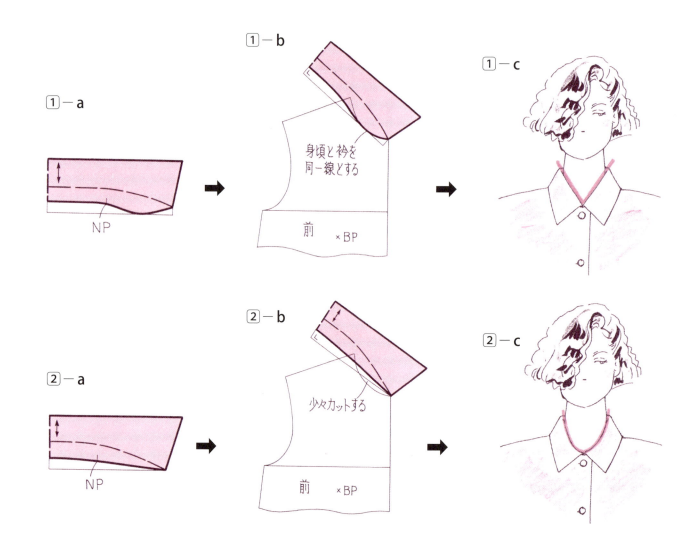

衿の上がり寸法Xについて

1-a、2-a それぞれの X の高、低の意味はといいますと、その型紙のもとは、原型を使用して描いた 1-b、2-b の結果によるものです。元来は衿のつく位置、つまり原型を使用して、b の方法で描いていましたが、数多く型紙作りを手懸けてきますと、それぞれの X 寸法の概要がつかめ、a の方法で描くということが出来るわけです。そして、X 寸法の高・低については、1-a のシャツカラーのような、衿こしに高さがあり、衿の外回り寸法が短くて良いときには、X 寸法が低くて良く、2-a のフラットカラーのように、衿こしに高さがなく、衿の外回り寸法が長く必要なときには X 寸法は高くなっていくということになります。

着用前のパターンチェック

COLLAR 衿、衿ぐり

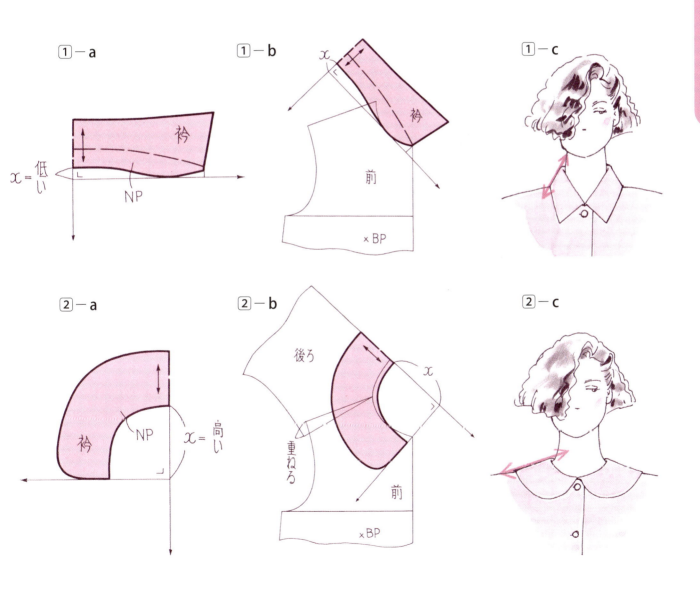

フラットカラー…フラットは"平らな"の意味で平たい感じの衿。前後とも衿こしがない。

台衿つきシャツカラーの問題点

台衿つきシャツカラーのときに起きがちな問題点は、身頃の前端の台衿の下のところが波を打つようになったりすることです。この欠点は①のように3mmくらいカットするとすぐに直ります。また、身頃と台衿の関係のところでは、前端直上より、台衿をつけたときに飛び出さないように注意することが大切です。(②参照)この飛び出す原因には、前端の力に対して芯の選択が適当でなく衿が重くておされたり、型紙が良くないときなどがあります。衿の型紙では、③—**a**、**b**があり、着こなしの上で、ボタンをかけないで着る場合の多いときには、③—**b**の方のカッティングにしますと③のように格好良くオープンにして、美しく着られます。

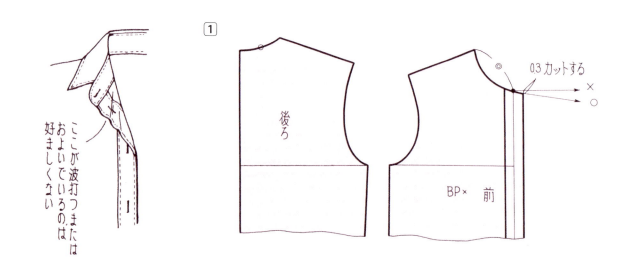

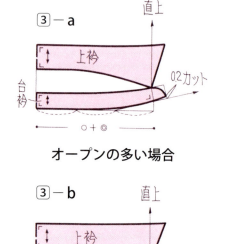

台衿つきシャツカラー…衿と身頃の間にバンド状の布（台衿）のあるシャツカラー。

衿ぐりの注意点

衿ぐりには大別しますと、横衿ぐりと縦衿ぐりとがあります。実際の涼感は、熱は上方開放のため、横衿ぐりあきの方が涼しさがあるようです。さて双方ともに大きく、または深く下げたときには１、２－**a**のように浮いている分、つまり浮く分が出てきますが、その分は１、２－**b**のようにたたんで、胸の張りの中に入れてしまいます。またもう一つの方法として、１、２－**c・d**のように見返しのみ、余る分浮いている分をたたんで縫うことによって、浮く分を防ぐことも出来ます。

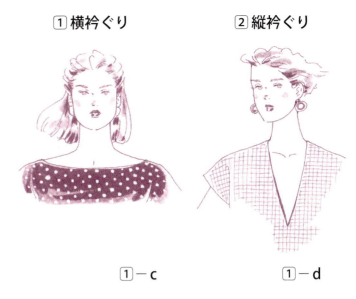

１ 横衿ぐり　　２ 縦衿ぐり

着用前のパターンチェック　COLLAR 衿、衿ぐり

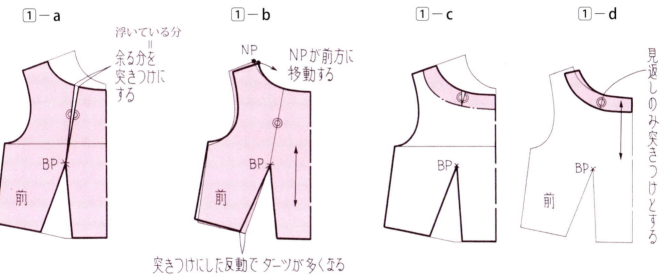

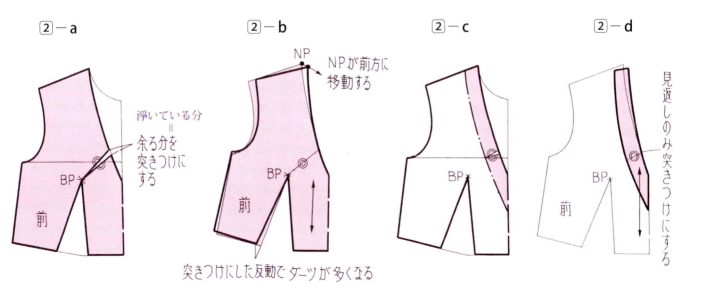

胸の張りの中に入れるとは…浮く分をBP方向に向けてダーツをとることによって、胸ぐせの処理の中に入れてしまうということ。

テーラードカラーの描き方

テーラードカラーといっても、さまざまなデザインのものがあります。衿こしの高低、返り止まりの高低、ラペル幅の形の大小など、諸条件が着る人によっても、流行によっても変化します。ここで好みのテーラードカラーを描くポイントを追ってみます。

① 衿全体のデザインを決めますが、その第一準備として、前身頃のNPをここでは5mmくり、前衿ぐりの約3分の1くらいまで平行線を描き、この位置で衿こしの高さを決めます。立てる方向は衿ぐり線を円の一輪郭線と考え、円の中心に向かう方向で決めます。

② 折り返り線を描きますが、これは衿こしを立てた位置と返り止まりを直線で結びます。前中心では打ち合わせのゆとり分として、5mmから1cmを出してから重ね分を出すと良いでしょう。

③ 返り線が描けましたら、ここで初めて好みのラベルと上衿をデザイン線として描きます。自分のもののときには作図上のハトロン紙の折り返り線を折って、NPを自分のNPに合わせて鏡の前に立ち、自分の好みの似合う線を見つけて描くと良いでしょう。(次ページに続く)

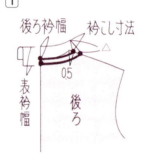

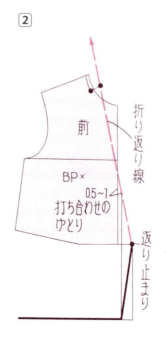

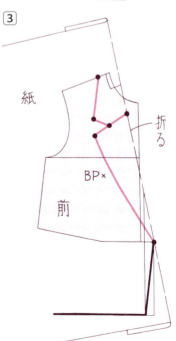

テーラードカラーの描き方

④―a 決まったラベルのデザインをパターン化し始めますが、ラペルの一番幅の広い位置で折り返り線に直角線を入れて、反対側に同寸法をとります。④―b 図のように **a**、**b**、**c** を結び、カーブをつけてラペルが出来上がります。

⑤―a 上衿は **g** から折り返り線に直角線を入れて、反対側に同寸法をとり、衿のきざみの **d**、**e**、**f** を決めて描いて、上衿前部分が出来上がります。

④―a
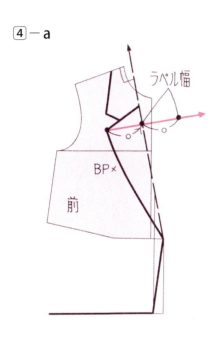

④―b
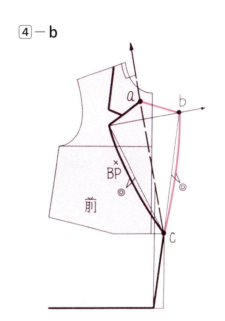

⑤―a
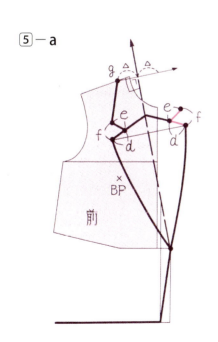

⑤―b
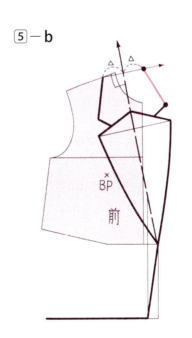

テーラードカラーの描き方と注意点・問題点

⑥—**a**、**b**、**c**、**d** ⑤（113ページ）までで前の部分が出来上がりましたので、**a**のように後ろ衿のデザイン線を描き、それぞれの必要寸法を**b**のように基礎パターンとして記入しますと、後ろ外回りの不足寸法が出てきます。その不足寸法を**c**のように基礎パターンに切り込みを入れて切り開きますと、後ろ衿部分が出来上がります。しかしその都度パターンに切り込みを入れて切り開くのは面倒なので、**d**のように折り返し線が決まりましたら、衿こしを立てたところと平行線を描き、後ろ衿ぐり寸法◎をとって、寸法に不足が出ないだけの寸法を倒します。これをねかし寸法といい、その線に対して直角に表、裏衿幅を決め、更にその直角線を入れて、前衿ぐり線と結び、衿外回り線が全て出来上がります。衿ぐり線が途中までになっていますので、ラペル線より2cm延長して結びますが、カーブにすることもあります。またねかした衿ぐり線を結ぶ点が図のように衿こしを立てた位置に結ぶときもあります。（次ページに続く）

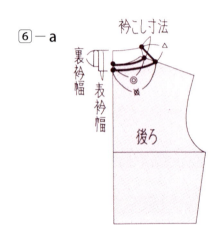

6-a

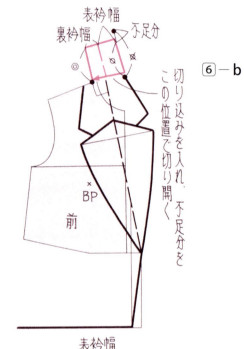

6-b

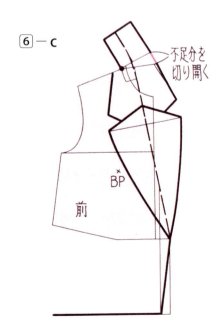

6-c

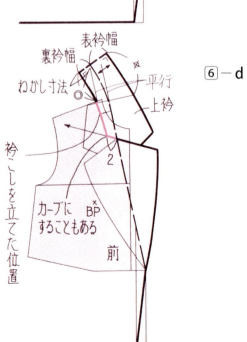

6-d

テーラードカラーの描き方と注意点・問題点

着用前のパターンチェック
COLLAR 衿、衿ぐり

6-e

6-f

6-g

6-e、f、g またこのときにねかし寸法が不足しますと、e、fのような現象になります。反対にねかし寸法が多すぎますと、gのような現象になりますので注意しましょう。

へちまカラーの描き方

へちまカラーはテーラードカラーの応用で、後ろから返り止まりまできざみがなく、カーブが続いている衿です。この衿は衿幅の広狭、高低などで、若向き、老人向き、また流行のラインなどのさまざまな表現が出来ます。①—aのようにパターンを描くときは曲線の変化があればあるほど、何箇所でも折り返し線に直角線をとり、反対側に衿幅を写します。このとき折り返し線を折って、ルレットやチャコペーパーで衿型を写しても良いでしょう。①—b、c、d、eのように衿の外回り線をまとめます。また裏衿の切り替え線は無理のない延長線で記入します。

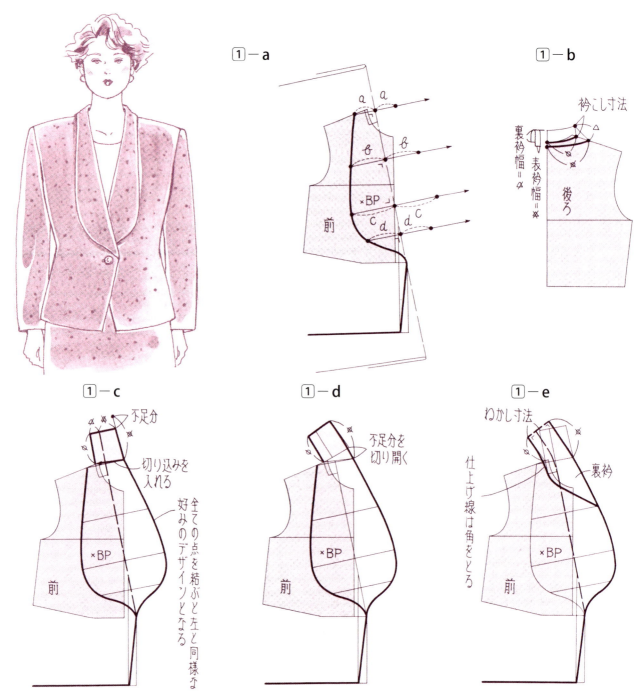

へちまカラー…後ろから前まできざみがないやや丸みのある衿。ショールカラーの一種。

へちまカラーの見返しについて

②は出来上がりパターンの身頃、裏衿、表衿と見返しの図ですが、**a**と**b**の場合があります。まず②—**a**はNPが①—**e**（116ページ参照）のように殆ど重なり分（交差分）がないときです。②—**b**はNPでの重なり分（交差分）が多いときで、②—**a**のような見返し線ではつれてしまいますので、図に示すように、前見返しの上端の重なっている部分のみ後ろ見返しと突き合わせて裁断します。また、裁断上布幅に入らないなどの理由によって、見返しにはぎを入れたいときは、②—**a'**のようにボタンつけ位置や穴かがりにかからない位置で、奥上がりに傾斜した線にします。

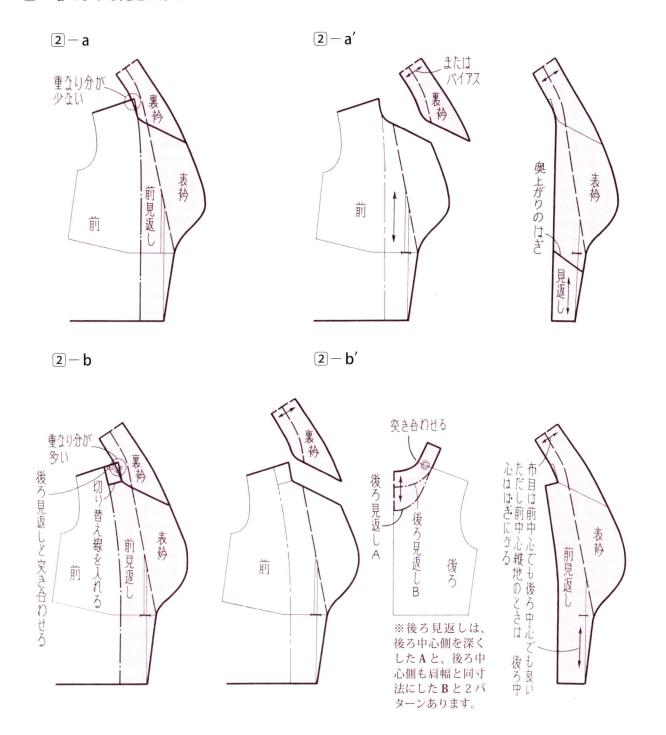

フード

フードのパターンを描く時の必要寸法は①のように3カ所です。

頭回りは、頭の一番太い位置をテープメジャーで一周します。

△は、頭の頂から原型衿ぐりの前中心まで。

◎は、頭を曲げた状態にして、頭の頂からN・Pまで。運動量としての必要寸法です。

パターン図は基本形のものです。あとはデザインによってゆったりさせたり、タイトにしたり、変化させてゆくことになります。

フードのための採寸

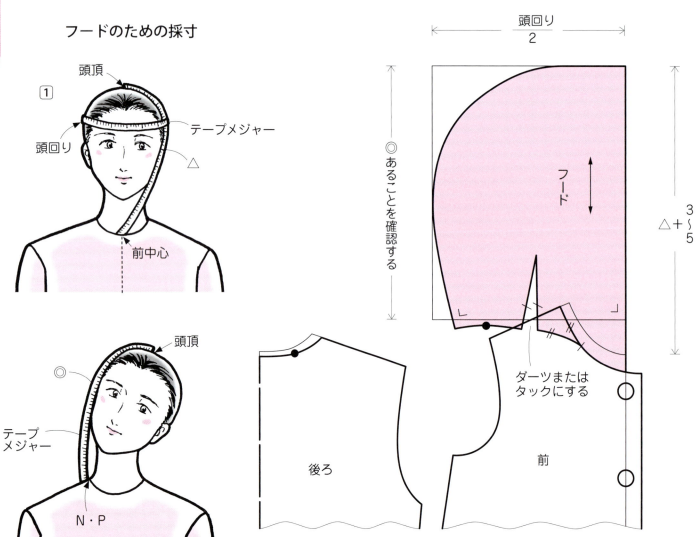

あき止まりの決め方

着脱の不具合の悪いドレスは、髪くずれがしたり、着心地の悪いものです。前後中心が輪の場合は、特に事前にパターン上で必要寸法の有無を確認しておくことが大切です。

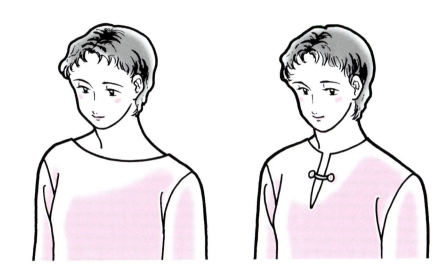

$$\frac{頭囲}{2} - \triangle + \genfrac{}{}{0pt}{}{2}{5} 余裕分 = 不足分$$

◎ + ○ = △

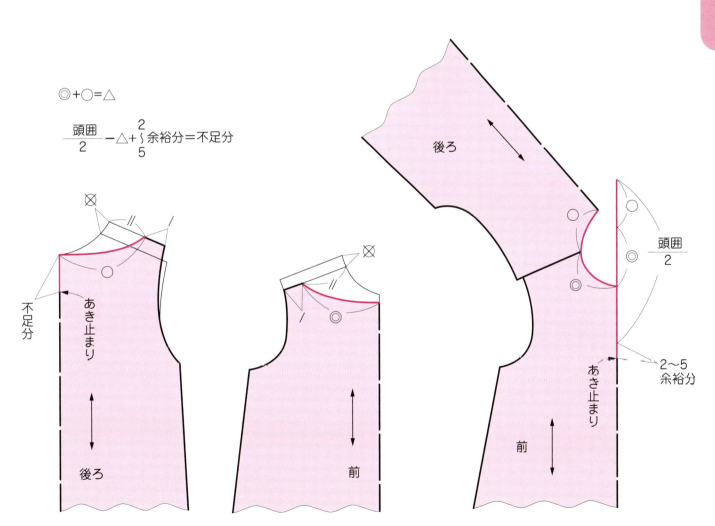

着用前のパターンチェック
COLLAR 衿、衿ぐり

中高年齢・高年齢の体型変化と補正

どのような年齢、体型を問わず着用時に美しいといわれるドレスを仕上げるための必要条件には……
①**必要寸法の採寸方法**
②**体型観察** 中高年齢の場合は特に体型変化に注意。
③**試着補正以前にパターン補正のできるところは、すべて補正してしまう技術**
の3点が大切なポイントになります。

必要寸法の採寸方法
バスト…BPの位置を通るように、水平にはかりますが、BNP（バックネックポイント）からBLまでの丸み具合の観察をしておきましょう。
ウエスト…若年齢のようにWLがはっきりつかむことができないのも中高年齢体型の特徴です。（背丈の項参照）
ヒップとミドルヒップ…HLの一番太いところを水平にはかるのが一般的ですが、中高年齢体型の特徴として、一番突出している腹部の部分＝MHL（ミドルヒップライン）の周辺のほうがHLより太くなってくることも多くなりますから、WLとHLの間の一番太いところを採寸します。
背丈…背中が丸いほど寸法が長くなりますが、採寸時には実寸ではなく、背すじを真直ぐにしたときを想定してはかります。といってもなれないので難しいときには、身長の4分の1から1～2cm（背の高い人程マイナス寸法を多くする）を引いた"人体バランス"の割り出し寸法で決めると良いでしょう。その位置をWLとしてウエストをはかります。
腰丈…一般的にはWLとHLまでの脇寄りの位置ではかりますが、中高年齢体型では採寸しづらい場合も出てきます。そのようなときには平均寸法としてWL～HL間は18cm前後、WL～MHL間は10cm前後と定寸で決めてもよいでしょう。
スカート丈、パンツ丈…この年齢になりますと流行に左右されるのではなく、自分の好みで決める場合が多くなってきます。手持ちの好きな服を参考寸法にして、その部分をはかってデザインや全体のバランスを考慮しながら決めてゆくと良いでしょう。
なにしろ"服づくりは、人間の入る美しい箱づくり"と考えて、その人の体をきっちりはかって作ってゆくのではなく、美しいバランスを常に頭の中にとめながら作ってゆくことが大切です。

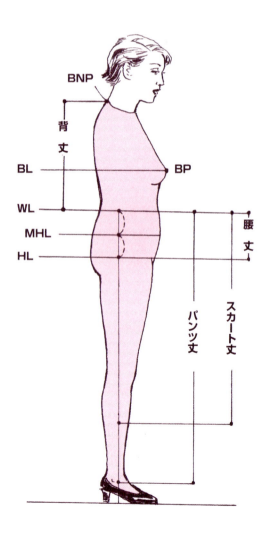

BP…バストポイント　BL…バストライン　WL…ウエストライン　HL…ヒップライン

中高年齢肥満体型について

●中高年齢肥満体型の原型補正法は……

平面作図（フラットパターン）で作るときには、最も基礎となる上半身（トップ）と下半身（スカート）の原型を、少しでも体型にフィットするように原型補正をすることが良いでしょう。

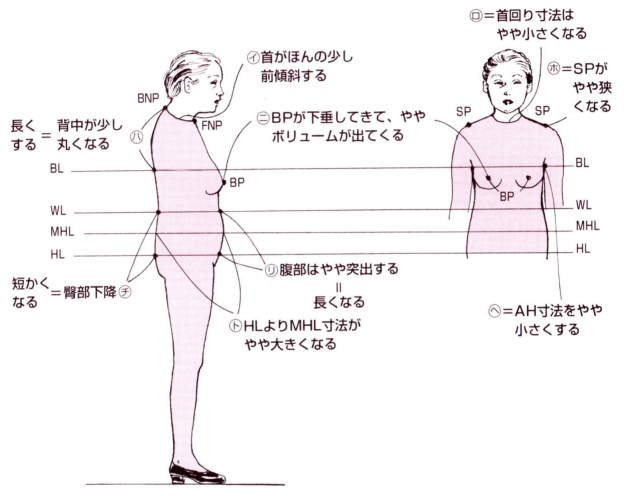

● 厚みのある円筒体型となる
● 上半身（トップ）
㋑首がほんの少し前傾斜となる
㋺首回り寸法は、作図の割り出し寸法よりやや小さくなる
㋩後ろは背中が少し丸くなる
㋥前ではBPが下垂して、ボリュームが出てくるが、ファンデーションで、なるべく標準体型のバランスに近くなるように補正すると美しくなる
㋭円筒体型となるので、背肩幅、肩幅が作図の割り出し寸法よりやや狭くなる㋬バスとが大きくなってくると、作図の割り出し寸法より、AH寸法はやや小さくしたほうが良いときもある。（着心地の良いAH寸法については、中高年齢肥満体型122ページの下段参照）

● 下半身（スカート）
㋣HLよりMHLの寸法がやや太いと思われるときは、採寸時にゆるめに採寸をすること
㋠後ろの臀部がやや下降してくる
㋷前は腹部が突出してくる

中高年齢肥満体型・背中が丸いとき（猫背）

後ろのBNPからBL間の長さを出すために、11ページの③に従って、後ろ原型に切り離しと切り込みを入れ、①のように背中心線で不足寸法を開きます。その反動として長さに比例する横のふくらみ分が肩線上で開くのでダーツ分に加えます。また後ろのBNPからBLの間の長さがほんの少し不足する場合は、②のようにBNPとSNPを直上して、不足寸法を追加する方法が良いでしょう。

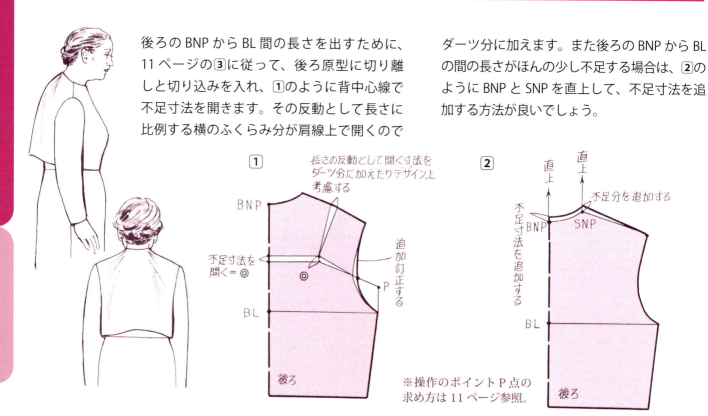

※操作のポイントP点の求め方は11ページ参照。

中高年齢肥満体型・胸回りが大きいときの首回りとアームホール

バスト寸法が大きいときには、首回り寸法を小さくしたり㋺、SPを狭くしたり㋭、AHを小さくしたり㋬、①のようにすると良いでしょう。
（㋺㋭㋬の体型変化の状態は121ページ参照）

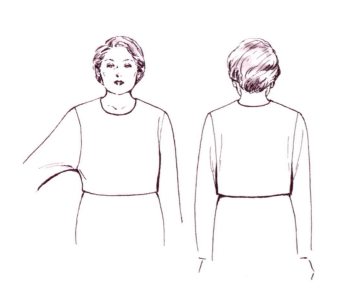

BNP…バックネックポイント　SNP…ショルダーネックポイント

中高年齢肥満体型・胸が高いとき

121ページ㈢のように前のふくらみが大きくなってくると、FNPとFWPの間の不足寸法が生じてくるので、11ページの③に従って、前原型に切り離しと切り込みを入れ、①のように前中心線とPを押さえて不足寸法を開きます。すると長さに比例する横のふくらみ分が反動としてWL上で開くので、ダーツ分に加えます。

※操作のポイントP点の求め方は11ページ参照。

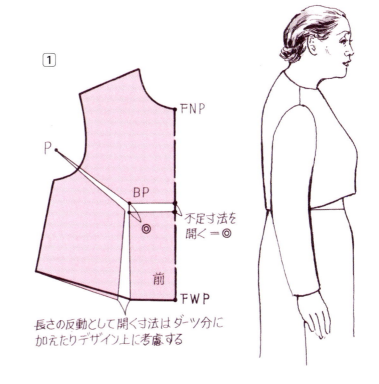

中高年齢肥満体型・腹部の突出、臀部の下垂

下半身の後ろの臀部がやや下降ぎみや、前腹部がやや突出ぎみのときには、①のように前中心線は直上に、後ろ中心線は、直下の増減による補正法にします。(121ページ㈭㈬参照)

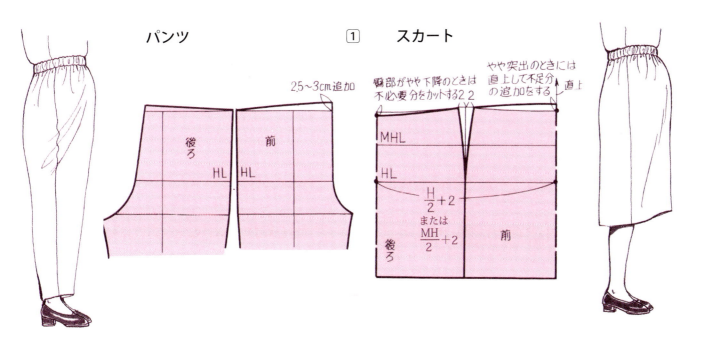

FNP…フロントネックポイント　FWP…フロントウエストポイント

中高年齢痩身体型について

●中高年齢痩身体型の原型補正法は……

中高年齢体型といっても、必ず肥満体型になるとは限りません。図に示すように痩身体型になることもありますが、若年の痩身体型とは異なる痩身体型になります。

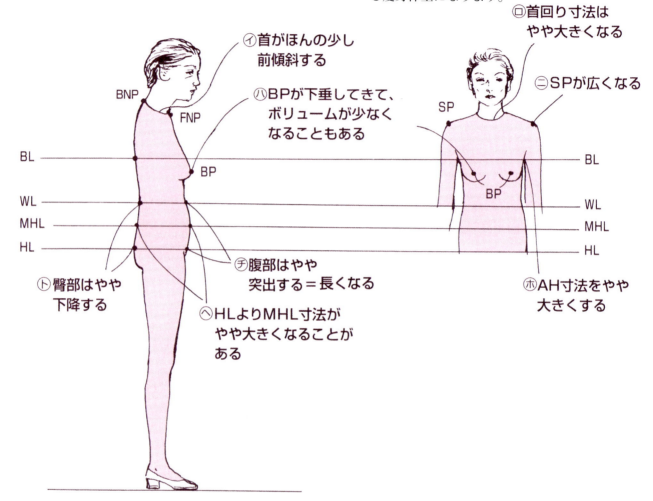

- ●厚みのない扁平体型となる
- ●上半身（トップ）

㋑首がほんの少し前傾斜となる
㋺首回り寸法は、作図の割り出し寸法よりやや大きくなる
㋩前のBPが下垂してくるが、ファンデーションでなるべく標準体型のバランスに近くなるように補正を心がける
㋥扁平体型となるので、背肩幅、肩幅が作図の割り出し寸法よりやや広くなる
㋭バストが小さくなって来ると、作図の割出し寸法よりAHはやや大きくしたほうが着心地は良くなる

- ●下半身（スカート）

㋬HLよりMHLの寸法がやや太めになってきたと思われるときは、MHL寸法を横基準寸法にすると良い
㋣後ろの臀部がやや下降してくる
㋠前の腹部がやや突出してくる

中高年齢痩身体型・首が前方傾斜するとき

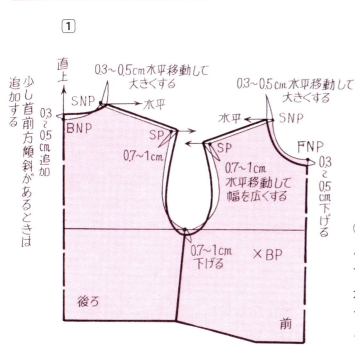

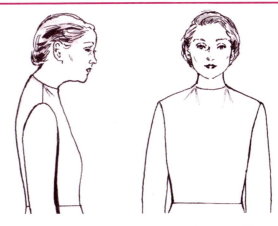

(イロハニの体型変化の状態は124ページ参照)

イの首がほんの少し前方傾斜するときには、①のように後ろのBNPを直上追加します。ロの首回り寸法を大きくするのは、①のように前後のSNPを水平移動した位置で大きくなるように変化させます。ハの前のBP下垂やふくらみが小さくなったときには、高年齢体型①と同様の操作をします（128ページ）。ニの背肩幅・肩幅の変化については、①のように前後SPを水平移動し、幅を広くします。

中高年齢痩身体型・アームホールを大きくしたいとき

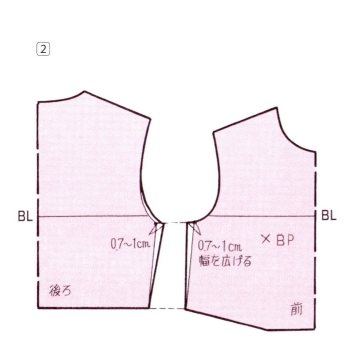

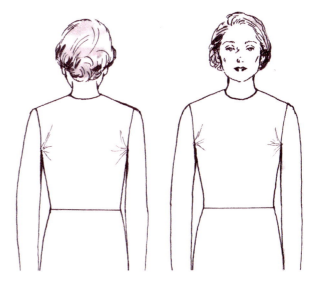

124ページのホのAHを大きくしたいときは、上記①のようにBLでくり下げます。そこで適切なAH寸法というのは自分の腕つけ根寸法に10％加えた寸法が、適当といわれています。もしこの方法でも小さいときには、②のように下げた位置で更に幅で追加をして理想寸法に補正してゆきます。

高年齢体型について

●高年齢体型の原型補正法は……

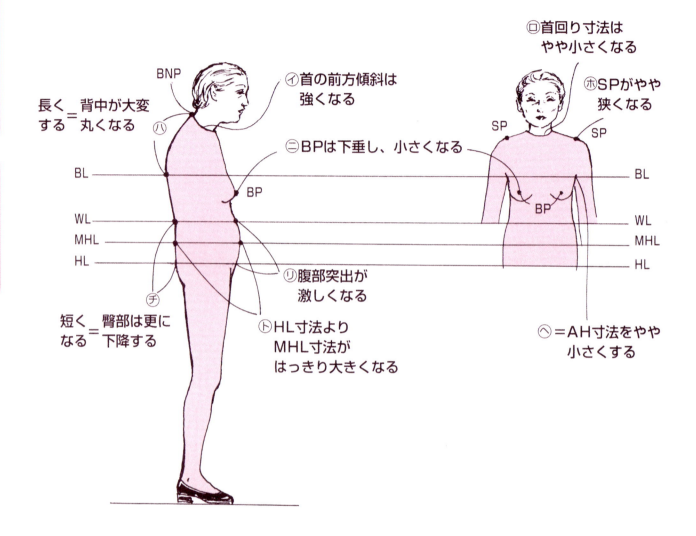

● 上半身（トップ）
㋑ 首の前方傾斜が強くなる
㋺ 首回り寸法は作図の割り出し寸法より、やや小さくなる
㋩ 後ろの背中が大変丸くなる
㋥ 前はBPが下垂して、ボリュームが小さくなってくることもある
㋭ 背肩幅・肩幅が作図の割り出し寸法より、やや狭くなる
㋬ バストが大きいときは、作図の割り出し寸法よりAHはやや小さくした方がよいときもある

● 下半身（スカート）
㋣ HL寸法よりMHLがはっきり太くなる
㋠ 後ろの臀部が更に下降してくる
㋷ 腹部突出が激しくなる

高年齢体型・前方傾斜が強くなったとき

126ページの㋑のように首の前方傾斜が強くなってきたときには、②―aのようにBNPで直上寸法追加をします。また、㋩のように背中が大変丸みが強くなってきますと、㋩の寸法を長くする必要が生じてきます。①―aに従って切り離しと切り込みの操作線を入れますが、この場合の切り込み線の位置は深くします。操作線が入りましたら、BNPとP点を押さえて背中心線で不足寸法を開きます②―a。すると長さに比例して横のふくらみ分が反動として肩線上で開きますから、ダーツ分に加えたり、デザインを考慮の上操作します。

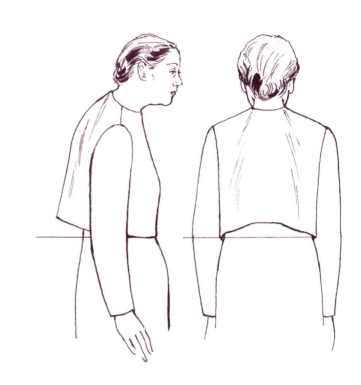

① ― a

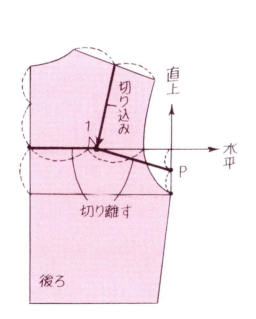

② ― a

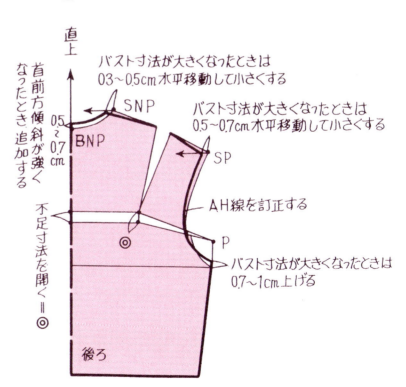

高年齢体型・ヨーク切り替え線を入れるとき

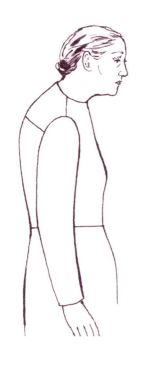

一例として補正とデザインを組合わせてヨークにする場合には、**a**のようにデザイン線を入れ、bのようにダーツ分を突き合わせにします。

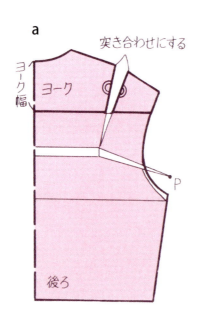

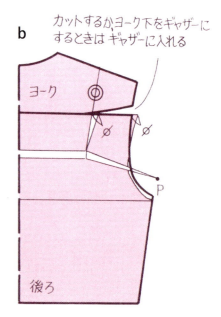

高年齢体型・胸が低く下垂し、前中心が短くなったとき

バスト寸法が大きいときには、①のようにSNPで首回り寸法を小さくしたり㋺、SPを狭くしたり㋭、AHを小さくしたり㋬、それぞれの位置の体型観察をしながら操作すると良いでしょう。前のBPが下垂し、そのことによってふくらみが小さくなったり、反動として前中心が短くなったりしたときには、11ページ③の操作線を使用し、右図のように前中心線上のBPLとP点を押さえて長い分を重ねて胸の低くなった分を重ねますと、前ウエスト線上で長さに対する横のふくらみ分として多い分が重なります。これにより縦（長さ）と横（幅）が好バランスで、ふくらみがきれいに低くなったことになります。
（㋺㋭㋬㋥の体型変化の状態は126ページ参照）

※操作のポイントP点の求め方は11ページ参照。

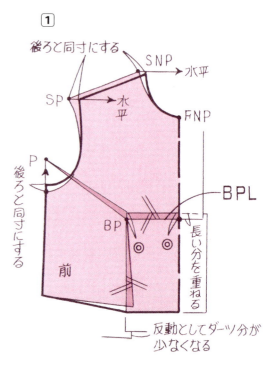

SNP…サイドネックポイント　AH…アームホール（袖ぐり）　BPL…バストポイントライン

高年齢体型・腹部の突出・臀部の下垂

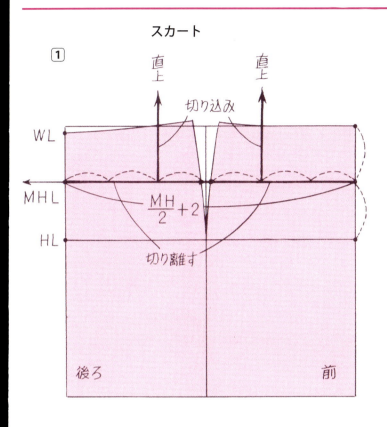

下半身では、まず MH 寸法が H 寸法よりはっきり大きくなりますから、横寸法の基本寸法は、MH 寸法とすると良いでしょう。①→②の順で操作します。

パンツ

少しの突出ではこの方法で良いでしょう。

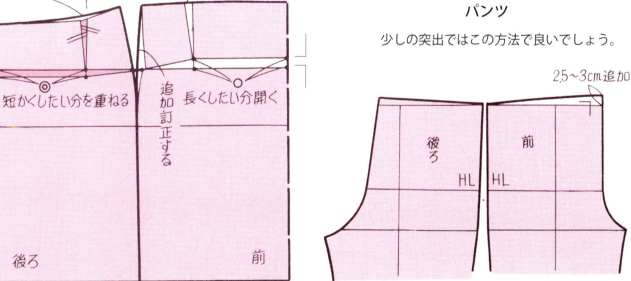

L・Sサイズの注意点

L・Sサイズについて

何時の時代でも、何歳でも美しく見られたいのは女性の心理です。また形が悪く、着にくく、体に合わない服は体ばかりでなく心まで疲れてしまうものです。といってもMサイズと同様にL、Sともに体にぴったり合わせるのは、かえって大きく見えすぎたり、小さく見えたりして、醜くなることもあるので、いかにバランス良く、美しく体型をカバーするかが、焦点となるでしょう。そして、太っているとか、痩せているとかいっても、なかなか決めにくいもので、一口にLサイズ（肥満体または太っている）といっても、またSサイズ（痩身体または痩せている）といってもさまざまな体型があります。

●Lサイズタイプの人
①バランス良く全体に大きい人
②アン・バランスに大きい人(部分的に太ったところ・大きいところなどがあるとき)
　a バストが大きく下がっている人
　b バストが大きく突き出ている人
　c 背中の丸味の強い人

●Sサイズタイプの人
③バランス良く全体に小さい人
④アン・バランスに小さい人(部分的に小さいところなどがあるとき)
　a バストが小さい人
　b 前かがみの人

さて服作りする際は原型を使用しますが、この婦人原型といわれるものは、成人女性の平均的な体型を基にして作られておりますので、仕立てを能率的にする上からも、また着やすく、バランスのとれた服を作る上からも原型補正をするということが必要になってきます。

一口にLサイズ、Sサイズといいましても、若年齢と高年齢では体型のバランスが大変異なります。例えば、B寸法は同寸でも、W寸法については、若年齢と高年齢では若年齢は細く、高年齢は太いということが言えますので、サイズ表には、基本のB寸法と着丈寸法のみ表示しました。

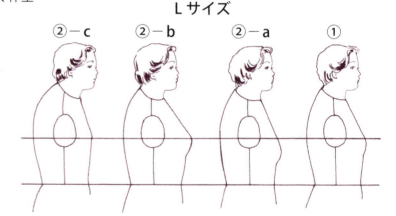

Lサイズ

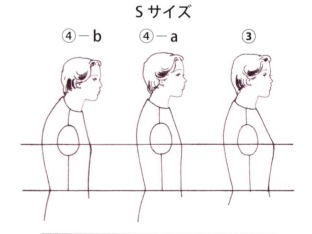

Sサイズ

L・Sサイズ参考寸法表						
	S	M	L	2L	3L	4L
B寸法	76	82	94	100	106	112
背丈	36	37	38	39	40	41

Lサイズの原型補正

●**Lサイズタイプの人**（体型図は130ページ参照）
①の場合、B寸法が90cm以上のときはバランス良く全体に大きいといってもLサイズと考えて良いでしょう。

そして原型は部分的には定寸法を用いておりますが、大部分はB寸法からの割り出し寸法です。しかしB寸法が大きいからといって、それに比例して首・腕・肩幅がどんどん大きくなってはいきませんので、①のように原型補正をすると良いでしょう。肩幅については太っているLサイズのときには、ショルダーポイントが決めにくいので、手持ちの服の中で一番合った好みのものをはかって決めると良いでしょう。また太っていると円筒体型の人が多いようです。AH寸法については、腕はB寸法に比例して太くならないので、①のように補正しましたら、AH寸法を必ずはかってみましょう。この場合補正したAH寸法は、自分の腕つけ根寸法に、4cm前後（袖ぐり寸法の約10%）を加えた寸法が程よく着やすい寸法といえるでしょう。

②—**a**の場合は前丈が不足しますので、①の補正原型を使用し、更に12ページの『**胸が高いとき**』を参照して、前丈を長くします。またBPが下がっていると、若々しさがなくなりますので、ファンデーションでバランスを良く整えましょう。②—**b**の場合は②—**a**と同様に前丈不足の補正法をします。②—**c**の場合、Lサイズのときは前面の発達ばかりでなく、肩肉も多くついているときが多いので、①の補正原型を使用して、30ページの『**背中が丸いとき（猫背）**』を参照して背丈、後ろ丈を長くします。

Lサイズ

①

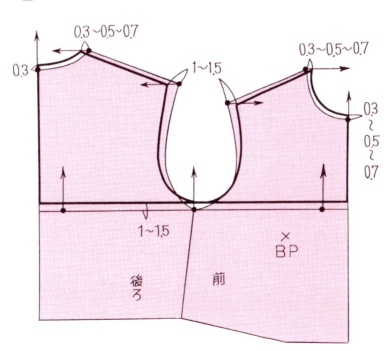

『原型の描き方』は2ページ参照。

Sサイズの原型補正

● **Sサイズ・タイプの人**(体型図は130ページ参照) ③の場合、B(バスト)寸法が78cm以下のときはバランス良く全体に小さいといっても、痩身体型と考えて良いでしょう。この体型は、体の厚みが薄く、扁平体型の場合が多いようです。B寸法が小さい割に肩幅が広く、いかり肩の人が多いのが特徴です。そしてLサイズと同様にB寸法が小さいといっても、首、腕、肩幅はそのバランスで小さくなっていきませんので、②のように原型補正すると良いでしょう。またAH寸法についてはLサイズと反対に小さくなりがちですので、自分の腕つけ根寸法に10%加えた寸法があるかどうかを確かめましょう。その結果BLを下げることが多いのですが、③のように脇に出してAHを大きくするときもあります。肩幅についてはLサイズと反対に寸法が不足しがちですので、Lサイズと同様手持ちの服の好みの寸法で補正をするのも良いでしょう。④—**a**の場合は、前丈が長すぎるので、②の補正原型を使用し、12ページ下段の『**胸の低いとき**』を参照して、前丈を短くします。④—**b**は**a**と同様に、前丈を短くする補正法をします。また反身体型・屈身体型のときには14ページの『**反身体型**』『**屈身体型**』を参考にしてください。

Sサイズ

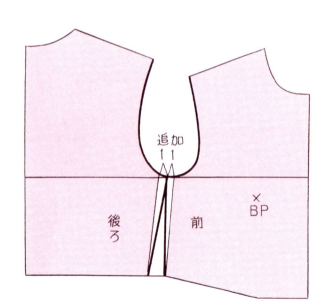

AHが上記で不足したときは前後脇で追加する

型紙のサイズ調節の仕方 (グレーディング)

裾廻り寸法の増減をしたいとき

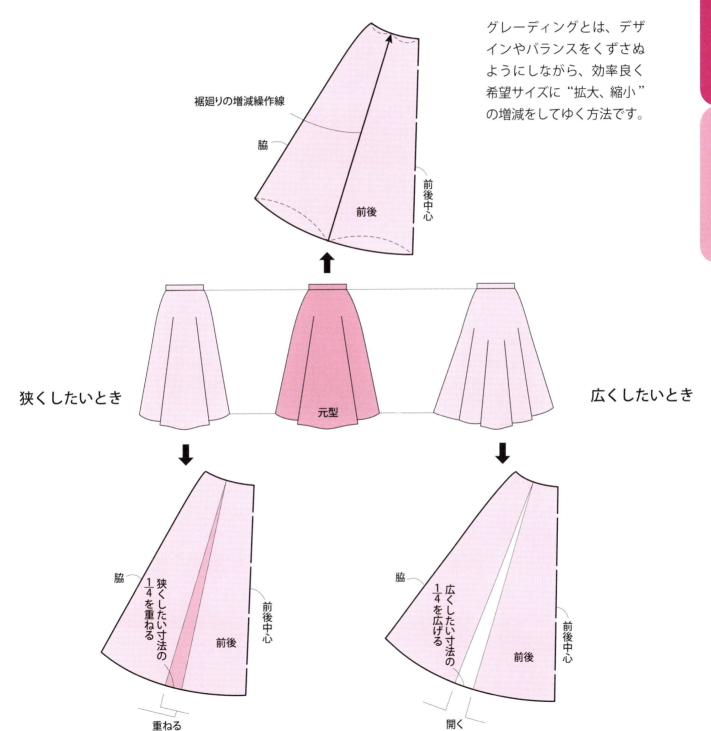

グレーディングとは、デザインやバランスをくずさぬようにしながら、効率良く希望サイズに"拡大、縮小"の増減をしてゆく方法です。

スカート丈を長短したいとき

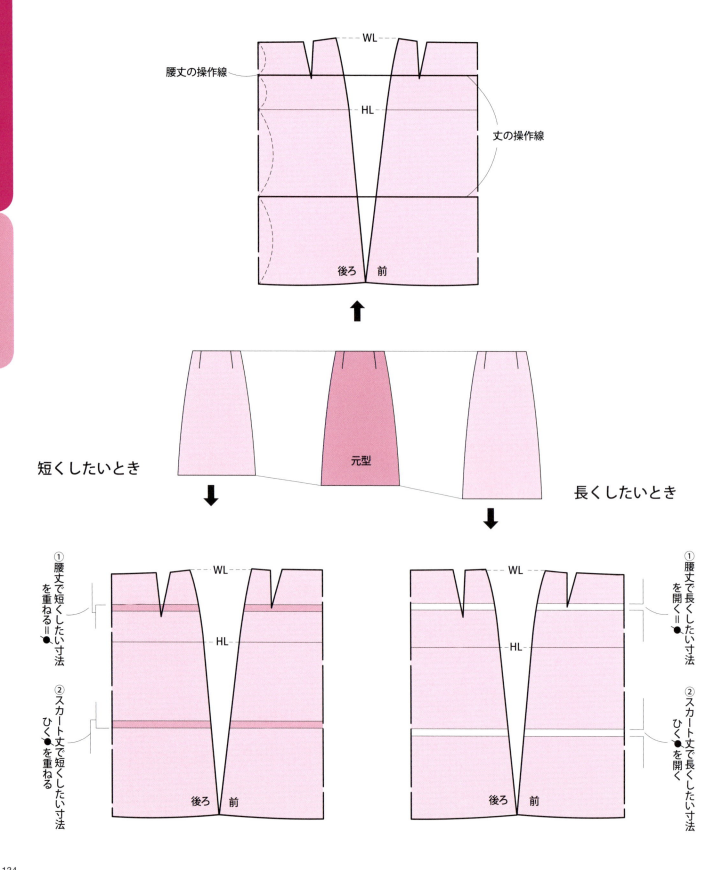

スカートのヒップサイズを増減したいとき

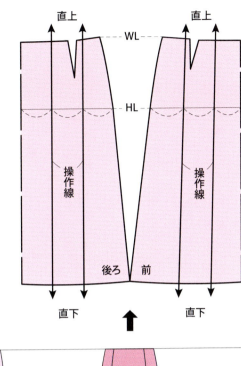

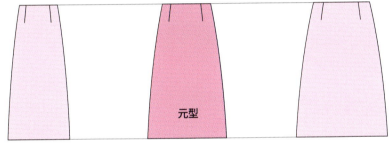

ヒップサイズを小さくしたいとき

ヒップサイズを大きくしたいとき

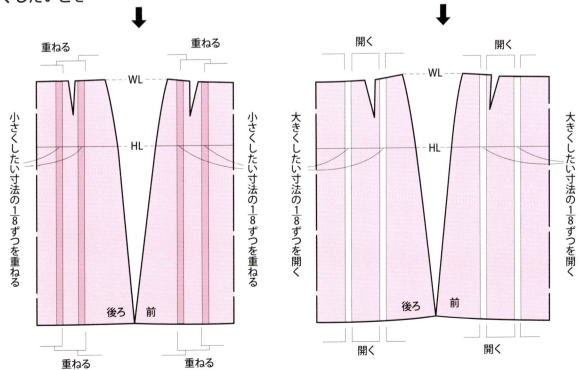

パンツ丈を長短したいとき

股上を短くしたいとき / 股上を長くしたいとき

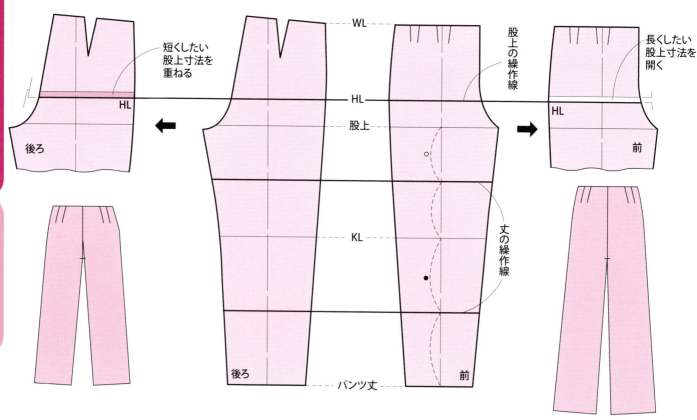

パンツ丈を短くしたいとき / パンツ丈を長くしたいとき

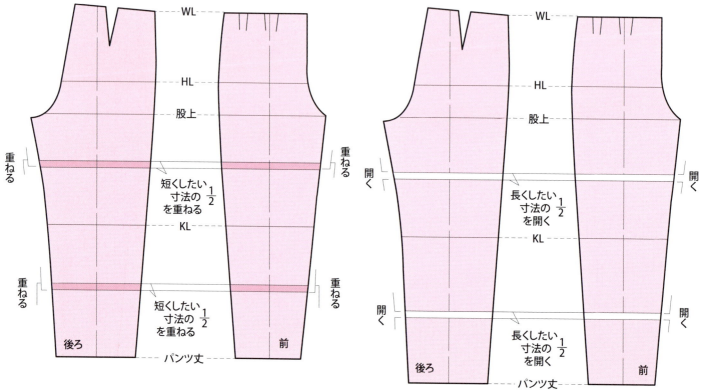

パンツのヒップサイズを増減したいとき

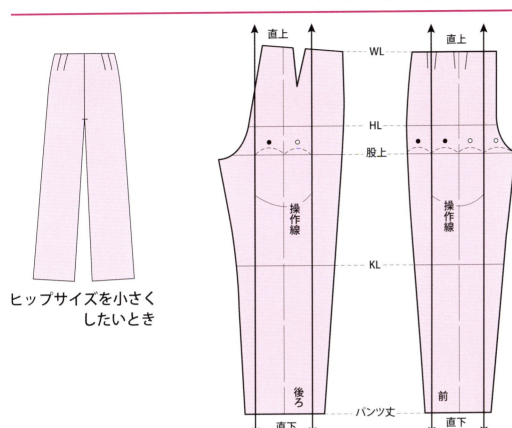

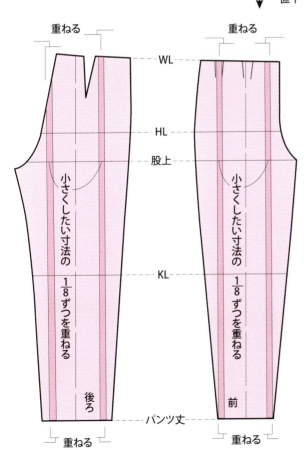
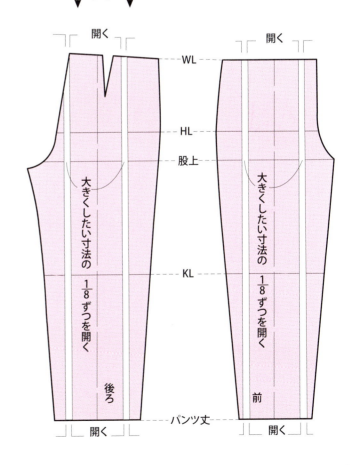

ヒップサイズを小さくしたいとき

ヒップサイズを大きくしたいとき

ドレス・ブラウス丈を長短したいとき

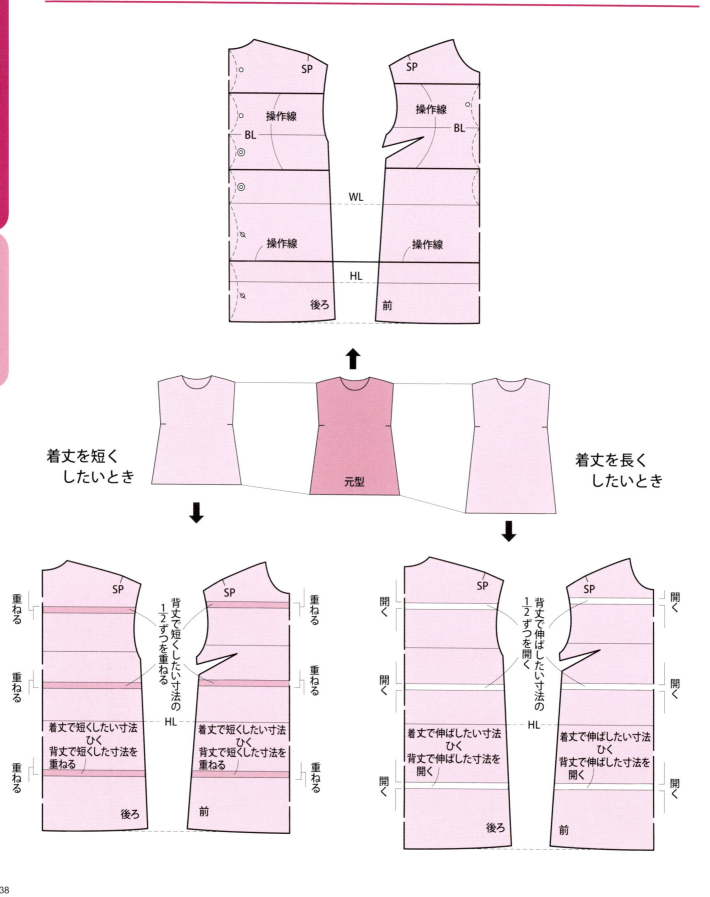

ドレス・ブラウスのバストサイズを増減したいとき

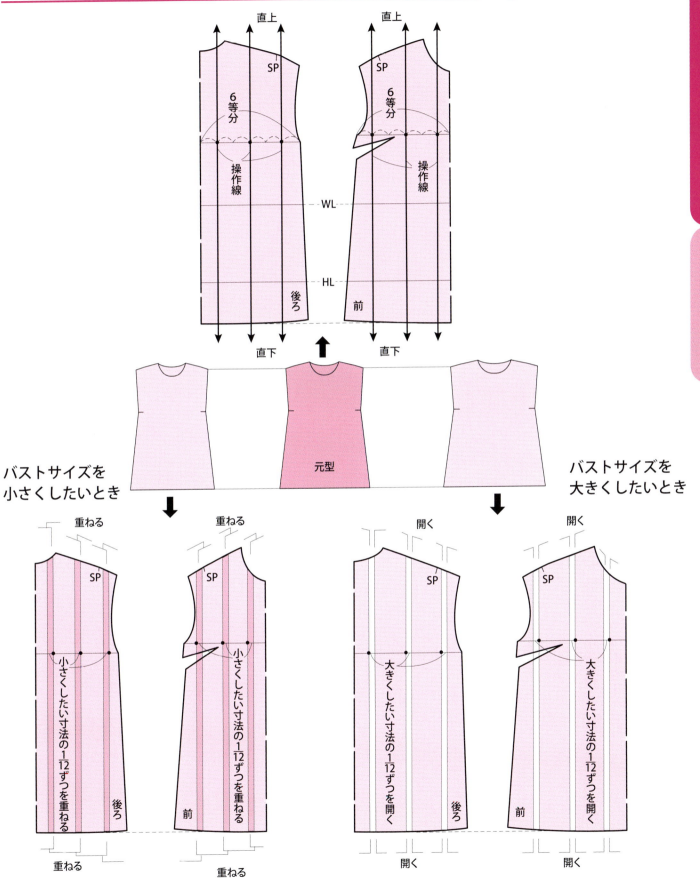

袖丈を長短したいとき

※身頃の増減方は138、139ページ参照。

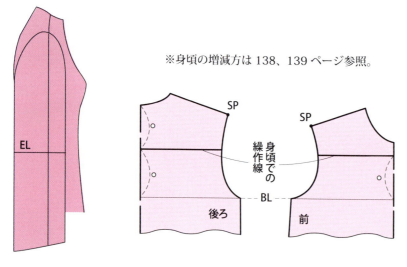
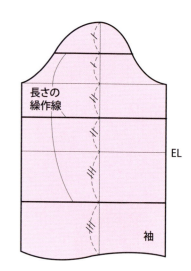

袖丈を短くしたいとき

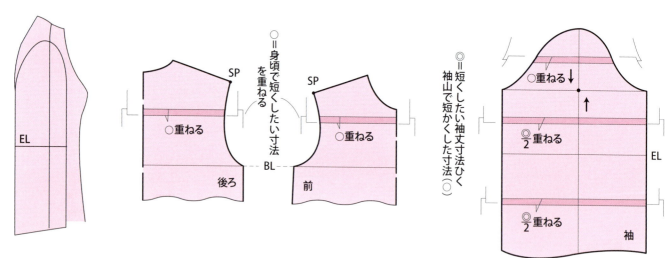

袖丈を長くしたいとき

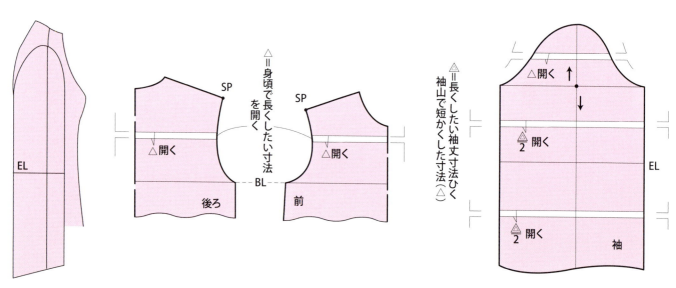

身頃のバストサイズ増減に応じて袖幅を広狭したいとき

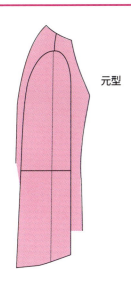

元型

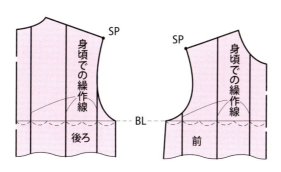

※身頃の増減方は138、139ページ参照。

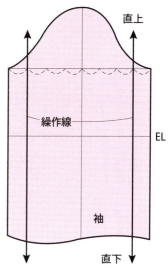

袖幅を狭くしたいとき

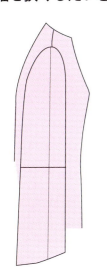

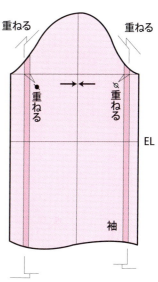

※139ページ参照。

袖幅を広くしたいとき

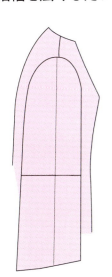

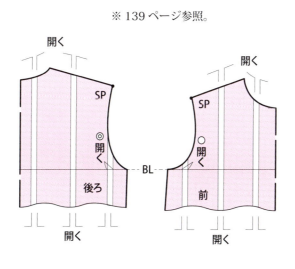

※139ページ参照。

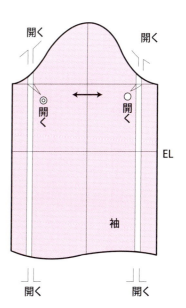

柄合わせ

格子柄の合わせ方

柄合わせの美しく整った服というのは、一枚の布から抜け出したような状態に仕上がったものをいいます。しかし人体が立体的なのに対し型紙は曲線・直線・傾斜・いせ込み・伸ばしなど・さまざまなテクニックによって平面を立体的に構成していきますので、格子、縞などをぴったり合わせて仕上げるということは大変むずかしい技術です。

また、格子は縦、横の縞が組み合わせされて構成されている上、柄の大小や配色の美しさがあり、それをどこに配置するかによって、格子の表情や雰囲気が異なってきますので、十分吟味して決めたいものです。ここではオーソドックスなデザインのスーツを例に説明します。

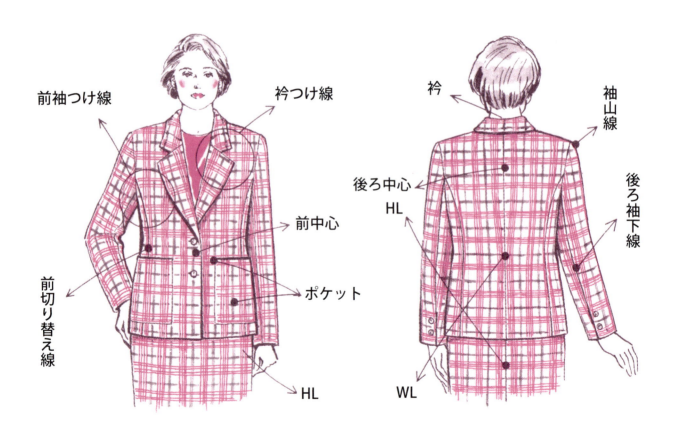

格子柄の合わせ方

まず柄合わせの考え方として…

- 縦柄、横柄に分けてそれぞれの**柄の基本線を決める**こと。これは柄の大きさ・線の太さの組み合わせ・配色などによって好みで決めますが、この決定が出来上がりに大いに影響を与えます。
- **合わせていく順序**をまちがえないように、表の順に従って型紙の基本となる部分から順に決定していきます。
- そして柄を合わせていきますと、**格子・縞などが大きくなるほど無地より多量の使用量が必要**となってきますので、購入時には1〜3割り増しとしておきます。
- **身頃** Ⓐ の位置は着用時に一番目につきやすい位置ですので、ボタンをかけても、はずしても安定感のある位置で決めましょう。

1 身頃

格子の色のバランスをみる

後ろ　脇　ポケット　前

WL ─── Ⓐ
　　　　Ⓒ
HL ─── Ⓑ

同一柄とする

2 スカート

後ろ　前

HL ─── Ⓓ

《 格子柄の基本線を決める 》

横　縦

《 柄合わせの順序 》

型紙	身頃				スカートとベルト			衿		見返し			袖	
	①	②	③	④	⑤	⑥	⑦	⑧	⑧'	⑨	⑨'	⑩	⑪	⑪'
縦	前中心	ボタンの位置 後ろ中心	脇	ポケット	前中心	後ろ中心	ベルト前中心	後ろ中心	前端側	ボタンの位置 前中心	ラペル前端側	見返し	袖山	外袖山 内袖山
	Ⓐ	Ⓑ		Ⓒ	Ⓓ		Ⓔ	Ⓕ	Ⓕ'	Ⓖ	Ⓖ'	Ⓗ	Ⓘ Ⓙ	Ⓘ Ⓙ'
横	WL	HL		ポケット	HL		ベルト幅中心	衿こし	前端側	WL	ラペル前端側	見返し	身頃の①と柄を合わせる 柄合わせ位置を決める	身頃の①と柄を合わせる 柄合わせ位置を決める

格子柄の合わせ方

- **スカート** 柄の感じによって丈の長、短の錯覚がありますので、感覚的に増減の考慮をしましょう。
- **衿** 後ろ中心で、縦、横柄を決めていくAの場合と、衿の前端で縦、横柄を決めていくBの場合があり、Bの場合は後ろ中心は縫い目になります。
- **見返し** この部分はすでに決まっている身頃と衿とに合わせながら決めていきますが、衿がAの場合は見返しもA、衿がBのときは見返しもBにすると良いでしょう。
- **袖** 一枚袖、二枚袖のときとがありますが、素材によってのいせ分の差については多少加減してください。

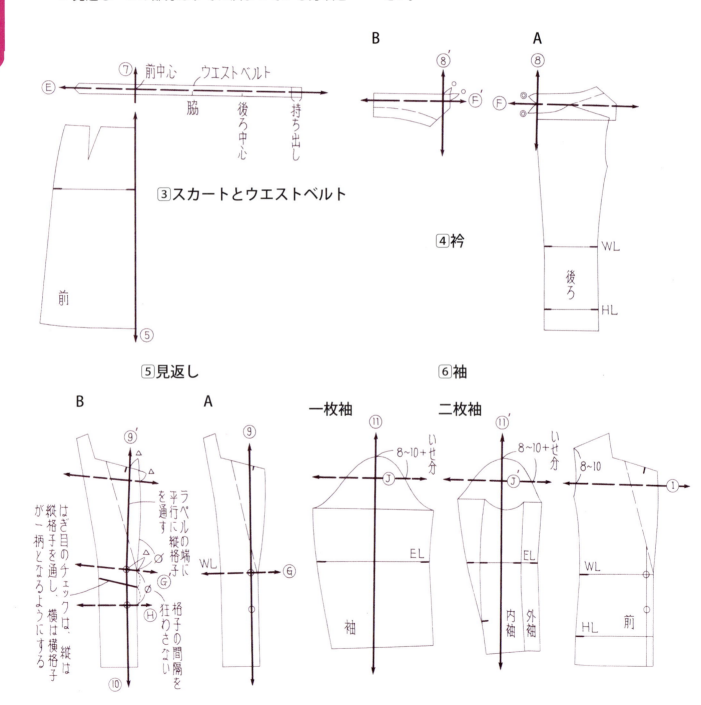

身頃と衿の柄合わせ

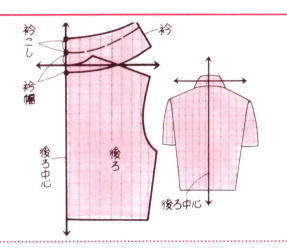

後ろ身頃と衿

衿の後ろ中心と身頃の後ろ中心を合わせます。チェックなどの縦と横の柄の場合は、左図のように型紙を置いて、柄を合わせます。トワルなどの別布に、縞やチェックの柄を鉛筆で写して、仮縫いをしてから裁断するのも良いでしょう。

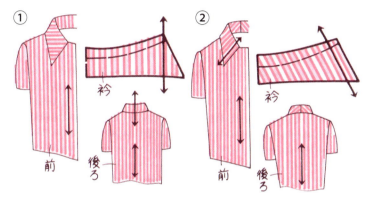

ショールカラーの場合

後ろ中心で柄を合わせた場合、縦縞では、前から見ると①のように、横縞になってしまいます。デザイン上で、横縞ではどうしても合わないというときには、②のように、衿の前端に縦地を通し、身頃の縞と違和感がないようにします。ただし1枚裁ちでは、左右の衿の縞柄が違ってきますので、左右別々に裁ちます。この場合は、衿の後ろ中心に縫い目が入ります。

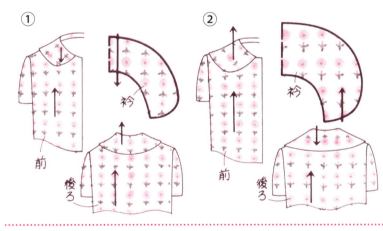

フラットカラーの場合

デザイン上で衿が大きい場合と小さい場合とがあり、それによって図のように、柄を合わせる基本的なポイントが異なってきます。①のように小さい衿の場合には、後ろ中心で、身頃と衿の柄の方向が合うように、型紙を置いて裁断します。反対に大きい衿の場合は、②のように、着用したとき、前から見て衿と身頃の柄がすっきり合うように、前身頃と衿の柄の方向を合わせて裁断します。

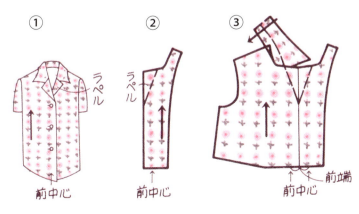

オープンカラーと見返し

オープンカラーの場合の見返しは、着用したとき表に返ってくる衿側（ラペル）の、柄の配置に十分注意しなければいけません。①のように、前中心の柄を合わせた場合、②の別裁ち見返しを使うときは、前身頃の中心の柄と、別裁ち見返しの前中心の位置の柄を揃えます。③のように裁ち出し見返しの場合には、前身頃と見返しの前中心の柄を同一にし、その中間が前端折り山になります。

索 引

●あいうえお順

●人体と原型
参考寸法表 ... 2
人体のしくみ ... 1
原型の描き方 ... 2

●パターンチェック
切り開き ... 4
スカート（たたむ・開く）... 5
スカート（フレア・サーキュラー）... 6
スカート（プリーツ）... 8
製図記号・略語 ... 8
パンツ ... 10
ボディ・スリーブのパターンチエック ... 3
ヨーク（突き合わせ）... 4

●ボディ（身頃）
着用前のパターン補正
肩パッドを入れるとき ... 13
屈身体型 ... 14
肩胛骨が張っているとき ... 13
操作ポイントP点の求め方 ... 11
反身体型 ... 14
胸が高いとき ... 12
胸が低いとき ... 12

着用前のパターン操作
あごダーツの意義と作図方法 ... 20
衿ぐりへのギャザーの入れ方 ... 17
原型を倒す意義と応用 ... 18
前後差のいろいろな処理方法 ... 15
袖ぐり線の描き方 ... 22
縫い代のつけ方 ... 23

ボディの試着補正
いかり肩 ... 28
後ろ衿ぐりが抜けるとき ... 30
後ろ衿ぐりに横じわが出るとき ... 31
後ろ丈が余って横じわ、肩先がつかえて横じわのとき ... 31
肩縫い目を前にまわすとき ... 29
試着補正のポイント ... 24
背中が丸いとき（猫背）... 30
なで肩 ... 28
ネックポイントから縦じわが出るとき ... 33
前衿ぐりが浮くとき ... 33
前肩体型のとき ... 29
前中心がおがむとき、逃げるとき ... 32
胸の張りが高いとき、低いとき ... 32

●スリーブ（袖）
腕の機能と袖のしくみ
腕の機能性 ... 34
機能性と運動量の関係 ... 38
基礎袖の描き方 ... 36
適切な袖山の高さの確認法 ... 41
適切ないせ配分と袖つけ準備 ... 43
適切ないせ分量とその配分法 ... 42

着用前のパターンチェック
一枚半袖とそのバリエーション ... 45
美しいパフスリーブ ... 48
美しいフレアスリーブ ... 53
袖口の表情と袖口あきの位置の決め方 ... 52
タイトスリーブのしくみ ... 44
適切な袖山の切り開き方法 ... 50
二枚袖の応用 ... 56
二枚袖の引き方（あきみせなしのとき）... 54
二枚袖の引き方（あきみせありのとき）... 55
パフスリーブのフォルムいろいろ ... 47

スリーブの試着補正
後ろ袖に斜めじわが出るとき ... 59
腕が上がりにくいとき ... 57
上腕が張っていて袖つけ線をそのままで袖を太くしたいとき ... 62
上腕部につれじわの出るとき ... 60
袖下がつかえてしわが出るとき ... 58
袖山のあたりに横じわの出るとき ... 60
袖山が高くてしわが出るとき ... 61
袖山が低くてしわが出るとき ... 61
二枚袖のいせ分の増減方法について ... 63
二枚袖の後方の縫い目にしわの出るとき ... 63
前袖に斜めじわが出るとき ... 59
前腋がつかえて着心地が悪いとき ... 62
脇下前後からしわの出るとき ... 58

●ボディ＋スリーブ（身頃＋袖）
着用前のパターンチェック
キモノスリーブの胸ぐせの処理 ... 64
短いキモノスリーブをきれいに着用するには ... 66
ラグランスリーブについて ... 67

ボディ＋スリーブの試着補正
ラグランスリーブで袖下につれじわが出るとき ... 75
ラグランスリーブで胸の高い人のとき ... 74

●スカート
着用前のパターンチェック
セミタイトスカートについて ... 77
タイトスカートについて ... 76
トランペット型ゴアードスカートの美しいフレアの出し方 ... 79

プリーツが開かないようにするポイント 80
フレアスカートの注意点 78

● スカートの試着補正
後ろヒップが扁平でしわが出るとき 85
キュロットスカートの股上が長すぎたとき 90
キュロットスカートの後ろ股下にくい込みじわの出るとき 89
キュロットスカートの後ろ股上にたるみじわの出るとき 90
キュロットスカートの前股部が張っていてつれじわの出るとき 88
腰に張りがなくダーツの下に余りじわが出るとき 83
腰・腹部が張っている場合でフレアがきれいに出ないとき 92
サーキュラースカートがきれいに流れないとき 93
試着補正の見方 81
大腿部の張りに引かれるしわがあるとき 84
臀部の張りが強いとき 85
蜂腰で腰のあたりに横じわの出るとき 83
ヒップのあたりに横じわの出るとき 86
腹部が出ているとき 87
プリーツが開いてしまうとき 87
フレアが多すぎるとき 92
フレアをはっきり出したいとき 91
フレアが前中心・後ろ脇に流れるとき 93
フレアスカートの裁断後の注意点 91
前から後ろ脇にかけて斜めじわが出るとき 84
前中心がつり上がるとき 82
脇や後ろ中心がつり上がるとき 86

● パンツ
着用前のパターンチェック
後ろ股上寸法についての考え方 97
ハイウエストパンツについて 98
パンツについて 94
パンツの厚み分について 96
パンツのフォルムについて 95
ローウエストパンツについて 99

パンツの試着補正
後ろ股上が長すぎたとき 104
後ろ股上が短いとき 104
後ろ脇あたりに引かれじわが出るとき 101
折り山線が内側、外側に流れるとき 105
腰骨あたりに引かれじわが出るとき 101
大腿部あたりにつれじわが出るとき 103
ヒップあたりに余りじわの出るとき 102
ヒップに引かれじわが出るとき 102
ヒップの下がった体型のとき 103
腹部に縦じわが出るとき 100
前股ぐりにしわが出るとき 100

● カラー（衿・衿ぐり）
着用前のパターンチェック
あき止まりの決め方 119
衿・衿ぐりについて 106
衿ぐりの注意点 111
衿の上がり寸法Xについて 109
衿の衿つけ線の変化 108
衿の衿つけ線の方向性のいろいろ 107
台衿つきシャツカラーの問題点 110
テーラードカラーの描き方 112
テーラードカラーの描き方と注意点、問題点 114
フード 118
へちまカラーの描き方 116
へちまカラーの見返しについて 117

● 中高年齢・高年齢の体型変化と補正
高年齢体型・前方傾斜が強くなったとき 127
高年齢体型について 126
高年齢体型・腹部の突出・臀部の下垂 129
高年齢体型・胸が低く下垂し、前中心が短くなったとき 128
高年齢体型・ヨーク切り替え線を入れるとき 128
中高年齢痩身体型・アームホールを大きくしたいとき 125
中高年齢痩身体型・首が前方傾斜するとき 125
中高年齢痩身体型について 124
中高年齢肥満体型・背中が丸いとき(猫背) 122
中高年齢肥満体型について 121
中高年齢肥満体型・腹部の突出、臀部の下垂 123
中高年齢肥満体型・胸が高いとき 123
中高年齢肥満体型・胸回りが大きいときの首回りとアームホール 122
中高年齢・高年齢の体型変化と補正 120

● L・Sサイズの注意点
Sサイズの原型補正 132
L・Sサイズについて 130
Lサイズの原型補正 131

● 型紙のサイズ調節の仕方（グレーディング）
スカート丈を長短したいとき 134
スカートのヒップサイズを増減したいとき 135
裾廻り寸法の増減をしたいとき 133
袖丈を長短したいとき 140
ドレス・ブラウス丈を長短したいとき 138
ドレス・ブラウスのバストサイズを増減したいとき 139
パンツ丈を長短したいとき 136
パンツのヒップサイズを増減したいとき 137
身頃のバストサイズ増減に応じて袖幅を広狭したいとき 141

● 柄合わせ
格子柄の合わせ方 142
身頃と衿の柄合わせ 145

【SHARE ON SNS!】
この本に掲載されている作品を作ったら、自由に写真を
Instagram、Facebook、TwitterなどSNSにアップしてください!
読者の皆様が作ってみた、身につけた、プレゼントしたものなど…
楽しいハンドメイドを、みんなでシェアしましょう!
ハッシュタグをつけて、好きなユーザーと繋がりましょう!
ブティック社公式facebook　boutique.official　「ブティック
社」で検索してください。いいね!をお願いします。
ブティック社公式Instagram　btq_official　　ハッシュタグ
#ブティック社　#ハンドメイド　など
ブティック社公式twitter　Boutique_sha　役立つ新刊情報な
どを随時ツイート。お気軽にフォローしてください!

必ず見つかる、すてきな手づくりの本
ブティック社　検 索
ブティック社ホームページ
https://www.boutique-sha.co.jp
本選びの参考にホームページをご覧ください

美しく着やすい型紙補正

2019年3月20日　初版発行

編集人　東宮千鶴
発行人　内藤　朗
印　刷　株式会社図書印刷
発行所　株式会社ブティック社
　　　　TEL:03-3234-2001
　　　　〒102-8620　東京都千代田区平河町1-8-3
　　　　https://www.boutique-sha.co.jp
　　　　編集部直通　TEL:03-3234-2051　販売部直通　TEL:03-3234-2081

PRINTED IN JAPAN　　ISBN:978-4-8347-9006-1

著者　土屋郁子
編集　高浦澄絵
ブックデザイン　橋本祐子

本書は当社より既刊のレディブティックシリーズno.3702に新規内容を加え
書籍として発行したものです。

【著作権について】
©株式会社ブティック社　本誌掲載の写真・イラスト・カット・記事・キット等の転載・複
写(コピー・スキャン他)・インターネットでの使用を禁じます。また、個人的に楽しむ場合
を除き、記事の複製や作品を営利目的で販売することは著作権法で禁じられています。
万一乱丁・落丁がありましたらお取り替えいたします。